Kerstin Rauch

Mit magischen Traumreisen durch die Jahreszeiten

Fantasiereisen für wunderbare Kinder:
Der sanfte Weg zu Selbstvertrauen,
Entspannung und Achtsamkeit

Mit magischen Traumreisen durch die Jahreszeiten
Fantasiereisen für wunderbare Kinder:
Der sanfte Weg zu Selbstvertrauen, Entspannung und Achtsamkeit
inkl. Audiodateien als gratis Download

ISBN: 978-3-910242-17-3 | Copyright © 2022 | 1. Auflage 10/2022
Autorin: Kerstin Rauch
Herausgeber: DeS Verlag

Bibliografische Information der Deutschen Nationalbibliothek: Die Deutsch e Natio-nalbibliothek verzeichnet diese Publikation in der Deutschen Nationalbibl iografie; detaillierte bibliografische Daten sind im Internet über dnb.dnb.de abru fbar.

Inhalt

Vorwort für die Traumreisenden

Liebe/r Traumreisende/r,

schön, dass du hier bist! Mit diesem Buch beginnt eine wundervolle Reise durch dein magisches Jahr. Wusstest du, dass tief in dir Zauberkräfte schlummern? Deine mächtigste Zauberkraft ist deine Fantasie. Mit ihr kannst du Abenteuer erleben und neuen magischen Freunden begegnen. Mit ihr kannst du in ferne Zauberwelten reisen oder sogar zu den Sternen ...Aber deine Fantasie kann noch viel mehr. Sie kann dir helfen, Sorgen oder Ängste zu vertreiben und deiner eigenen Kraft zu vertrauen. Ich verrate dir zu Beginn dieses Buches schon mal ein Geheimnis: Auch wenn du dich manchmal schwach fühlst, bist du in deinem Inneren doch bärenstark!

Deine Fantasie hilft dir dabei durchzuhalten, wenn es mal richtig schwierig wird. Sie hilft dir, wenn du wütend oder traurig bist. Sogar beim Gesundbleiben oder beim Gesundwerden hat deine Fantasie ein wichtiges Wörtchen mitzureden. Sie schenkt dir innere Orte, an denen du dich beschützt und geborgen fühlst. Sie zeigt dir, wie wertvoll und wunderbar du bist.

Deine Fantasie lässt dich deinen Körper und seine Kräfte neu entdecken. Sie lässt dich spüren, wie liebenswert und einzigartig du bist. Wie wundervoll bunt wird unsere Welt, wenn jedes Kind endlich zeigen kann, dass es ganz besonders ist! Wie glücklich kann unsere Welt sein, wenn jedes Kind das tut, was es am besten kann und was ihm am meisten Spaß macht! Vielleicht nehmen

sich dann sogar die Erwachsenen ein Beispiel an den Kindern?

Hast du Lust auf solche Reisen zu allen vier Jahreszeiten? Jede von ihnen hat ein besonderes Geschenk für dich. Du begegnest liebevollen und mächtigen Zauberwesen, wundervollen Tieren und lernst einzigartige Orte kennen. Hast du Lust darauf, deine eigene Zauberkraft auszuprobieren und zu trainieren? Dann kann es sofort losgehen, wenn du magst! Wähle jetzt deine erste Reise aus. Dafür gibt es verschiedene Möglichkeiten: Du kannst in der Jahreszeit beginnen, die gerade ist. Oder du beginnst mit dem Frühling, weil dort alles neu erwacht. Oder du schließt deine Augen und tippst mit dem Finger auf das Inhaltsverzeichnis. Denn nicht nur deine Augen können sehen und wählen, sondern auch dein Körper und vor allem dein Herz.

Vorwort für die Vorlesenden

Meditieren mit Kindern, geht das?

Einfach mal still zu sitzen, dabei die Augen zu schließen und dabei die eigene Atmung zu beobachten, entspricht wohl kaum der kindlichen Natur. Trotzdem brauchen Kinder heute dringender denn je Entspannung, erholsame Ruhepausen und Rückzugsmöglichkeiten vom stressigen Alltag. Gerade die letzten Monate waren für Kinder alles andere als einfach. Können sie den Alltagsstress nicht verarbeiten, zeigt sich das oft in Ängsten, innerer Unruhe, geringem Selbstwert oder körperlichen Symptomen wie Bauchschmerzen und Schlafstörungen.

Meditation ist eine wundervolle Möglichkeit, dem Alltagsstress und Leistungsdruck zu entfliehen und eine innere Stärke aufzubauen. Um also die Frage aus der Überschrift zu beantworten: Kindermeditation ist möglich, stärkend und heilsam – aber bitte auf die kindlichen Bedürfnisse abgestimmt! Kinder brauchen eine andere Form der Meditation als Erwachsene. Traumreisen sind genauso eine kindgerechte Form der Meditation. Sie sprechen die unerschöpfliche Fantasie von Kindern an und geben ihnen damit eine wunderbare Möglichkeit, sich in ihrer inneren Welt zu entspannen. Hier können sie sich körperlich und psychisch erholen, auch wenn „draußen" Stürme toben. Hier können sie ihre innere Widerstandsfähigkeit (Resilienz) stärken, indem sie diese innere

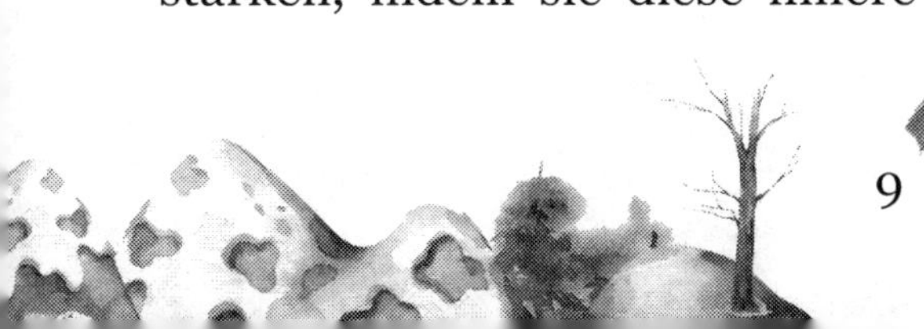

Welt selbst gestalten und als sicher erleben. Durch solche liebevollen Rückzugsmöglichkeiten fühlen sich Kinder nicht mehr hilflos den äußeren Umständen ausgeliefert. Sie gewinnen ihren Mut zurück und erleben sich als selbstbestimmt und wertvoll.

Wie wirkt so eine Fantasiereise auf mein Kind?

Meine Traumreisen enthalten besondere sprachliche Bilder, welche das Unterbewusstsein und die Selbstheilungskräfte Ihres Kindes ansprechen. Es bekommt die Möglichkeit, sich innerhalb der Fantasiereise auszuleben und seine Umwelt ganz nach seinen eigenen Wünschen zu gestalten. Das fördert sein Selbstvertrauen, seine Intuition, seine Achtsamkeit und seine kreativen Fähigkeiten – alles wunderbare Ressourcen gegen Stress und Leistungsdruck. Ganz nebenbei erweitern Fantasiereisen außerdem den Wortschatz Ihres Kindes und seine Fähigkeit, zur Ruhe zu kommen und sich zu konzentrieren.

Ich habe viele Formulierungen so gewählt, dass Kinder dazu ganz individuelle Bilder im Kopf entstehen lassen können. So entstehen in der Fantasie jedes Kindes ureigene Landschaften, magische Wesen und zauberhafte Orte. Und natürlich ist jedes Kind die Hauptfigur der Handlung, es kann in seiner Fantasie mitbestimmen, was als Nächstes geschehen soll.

Wie wirken Fantasiereisen auf der körperlichen Ebene?

Als Körpertherapeutin suche ich immer wieder nach einfachen und freudvollen Wegen, die Kinder und Erwachsenen

den eigenen Körper besser spüren lassen. Deshalb beschreiben meine Fantasiereisen auch immer wieder einzelne Körperteile und Körperempfindungen. Auf diese Weise kann sich die Atmung vertiefen, die Muskelspannung lässt nach und das Nervensystem findet in einen ausgeglichenen Modus zurück. Unser Körper aktiviert neue Ressourcen für Heilung, Wachstum und Entwicklung.

Vielleicht kennen Sie die wohltuende Wirkung eines Bodyscans. Einzelne Elemente daraus werden Sie in den einzelnen Traumreisen wiederfinden. Menschen mit einer guten Körperwahrnehmung entwickeln ein erstaunlich gutes Bauchgefühl dafür, was ihnen guttut und was nicht. Ein solcher Zugang zur eigenen Intuition ermöglicht es ihnen beispielsweise, sich vor Übergriffen zu schützen und die richtigen Entscheidungen an den Kreuzwegen ihres Lebens zu treffen.

Wie wirken Fantasiereisen auf der seelischen Ebene?

Kinder besitzen eine erstaunliche Vorstellungskraft und damit einen direkten Zugang zu den Selbstheilungskräften in ihrem Unterbewusstsein. Lassen Sie mich dazu ein eindrucksvolles Beispiel erzählen. Der russische Psychologe Dr. Norbekov beobachtete den Heilungsprozess von Kindern mit Diabetes in einer besonderen Kureinrichtung. Diese Kinder badeten regelmäßig in kleinen Wannen. Sie hatten gelernt, dass ihr Körper durch zu viel Zucker krank geworden war. Sie wussten, dass sich Zucker in Wasser auflöst, das hatten sie beim Zubereiten von Getränken beobachtet. So stellten sie sich beim

täglichen Baden in ihrer Fantasie vor, dass sich der überschüssige Zucker aus ihrem Körper im Badewasser auflöst. Deshalb wollte kein Kind noch einmal in das gleiche Wasser steigen, worüber sich die Schwestern wunderten. Erstaunlicherweise lag die Heilungsquote in dieser Einrichtung deutlich höher als in vergleichbaren Kurkliniken.

Die Fantasiereisen dieses Buches liefern solche und ähnliche heilsame innere Bilder, die Ihr Kind bei Unwohlsein, Schmerzen und Verspannungen wirksam unterstützen können.

Wie findet mein Kind am besten zu dieser wohltuenden Entspannung?

Sprechen Sie beim Vorlesen der Fantasiereise mit ruhiger und sanfter Stimme. Machen Sie dabei viele Pausen, damit die sprachlichen Bilder gut wirken können. Fantasie braucht Zeit. Machen Sie nach jedem Absatz und besonders nach diesem Pausenzeichen einen bis drei eigene tiefe Atemzüge, bevor Sie weiterlesen. Das lässt Sie selbst noch mehr entspannen und diese Entspannung überträgt sich automatisch auf Ihr Kind.
An manchen Stellen wird Ihr Kind dazu aufgefordert, ein Zeichen mit dem Finger zu machen, wenn es eine bestimmte Fantasievorstellung erschaffen hat. Es kann hilfreich sein, dieses Zeichen schon vor der Traumreise zu vereinbaren, damit Sie es erkennen. Vielleicht will Ihr Kind auch lieber mit dem Kopf nicken. Oder es hat eine andere Idee. Es sollte ein ruhiges Zeichen sein, möglichst ohne zu reden, damit es dadurch nicht wieder aus der Entspannung gerissen wird.

Ein Kind, das nur schwer zur Ruhe kommt, können Sie beim Vorlesen der Traumreise unterstützen, indem Sie ihm eine Hand auf seinen Körper auflegen. Oder es mag sich nah an Sie herankuscheln, damit es Ihren Atem, Ihre Wärme und vielleicht sogar das sanfte Vibrieren Ihrer Stimme spürt. Eine solche körperliche Nähe wirkt sehr beruhigend, denn das Nervensystem Ihres Kindes kann dabei von Ihrem eigenen Nervensystem lernen.
Meine Erfahrungen in der Körperarbeit haben immer wieder gezeigt, dass sich Nervensysteme gegenseitig anstecken. Das funktioniert mit Unruhe genauso gut wie mit Entspannung. Besonders Kinder reagieren sehr sensibel auf die Erregungszustände ihrer engsten Bezugspersonen, aber eben auch auf deren Entspannung. Ein entspanntes Nervensystem des vertrauten Menschen vermittelt Kindern auf körperlicher Ebene tiefe Sicherheit und Geborgenheit.

Wie kann ich mein Kind noch beim Entspannen unterstützen?

Wählen Sie einen ungestörten gemütlichen Platz zum Kuscheln und Vorlesen. Sorgen Sie dafür, dass während der Reise niemand ins Zimmer kommt und stellen Sie mögliche Störquellen wie Handys aus.
Geben Sie Ihrem Kind Zeit, eine bequeme Lage zu finden. Alle gebeugten Positionen lassen Anspannung in der Muskulatur besonders gut abfließen. Vielleicht mag es ein Kissen unter dem Kopf und eine Rolle unter den Knien?
Eine Zudecke sorgt dafür, dass Ihr Kind während der Entspannung nicht anfängt zu frieren. Sobald

sein Körper zur Ruhe kommt, braucht er etwas mehr Wärme als vorher. Vielleicht mag Ihr Kind auch eine Wärmflasche oder ein Wärmekissen haben. Beruhigende Düfte wie Lavendel und Melisse oder leise Entspannungsmusik im Hintergrund können die Wirkung einer Traumreise verstärken. Alles, was entspannend wirkt und Sicherheit vermittelt, unterstützt den entspannenden Effekt.
Sehr aktiven Kindern hilft es, den Beginn der Reise spielerisch darzustellen. So können sie z. B. den Flug der Wolke oder des Zaubertieres zu einer sanften Musik nachspielen, mit anschließender Landung auf dem Kuschelplatz. Falls Sie ein Vertikaltuch besitzen, ist dieses bestens dafür geeignet. Meine Enkelin lässt sich darin sanft schaukeln, während sie ihre Traumreise genießt.
Am Ende jeder Traumreise finden Sie noch Fragen und **Affirmationen**, welche die Meditationserfahrung vertiefen können. Sie können diese für ein Gespräch nutzen oder als Anregung zum kreativen Gestalten, z. B. um den Baum des Lebens zu malen, das Krafttier darzustellen oder zu formen oder einen Sternenhimmel zu basteln. Erfahrungsgemäß bringen Phasen der Ruhe jede Menge kreative Impulse hervor. Lassen Sie sich einfach überraschen.
Affirmationen können Ihre Wirkung am besten entfalten, wenn sie oft wiederholt werden. Sie können diese zum Beispiel auf kleine Zettel schreiben und an den Spiegel oder eine andere gut sichtbare Stelle kleben. Auch vor besonderen Herausforderungen, wie dem Schreiben einer Klassenarbeit, kann das mehrmalige Aufsagen einer Affirmation stärkend und hilfreich sein.

Alle Traumreisen aus diesem Buch, stehen Ihnen außerdem auch kos-

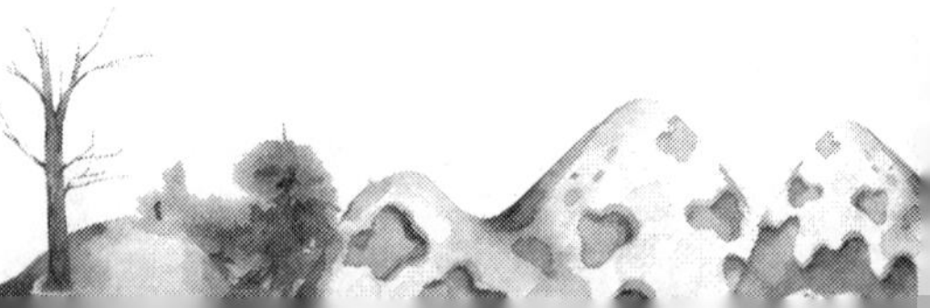

tenlos als Audiodateien zum Download zur Verfügung. Folgen Sie dazu einfach diesem Link:

https://cutt.ly/uHoOdv8

Oder scannen Sie diesen QR-Code:

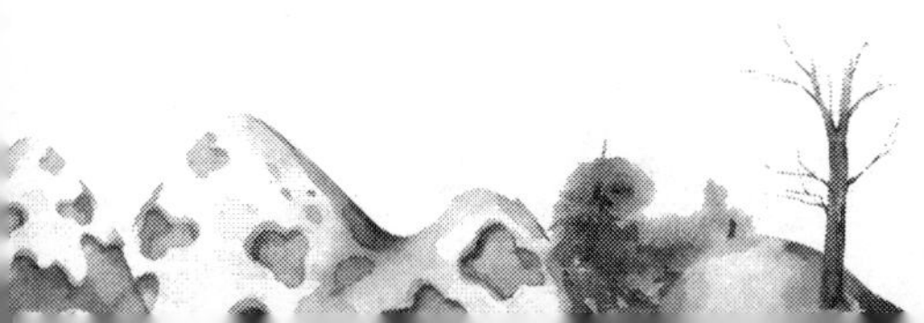

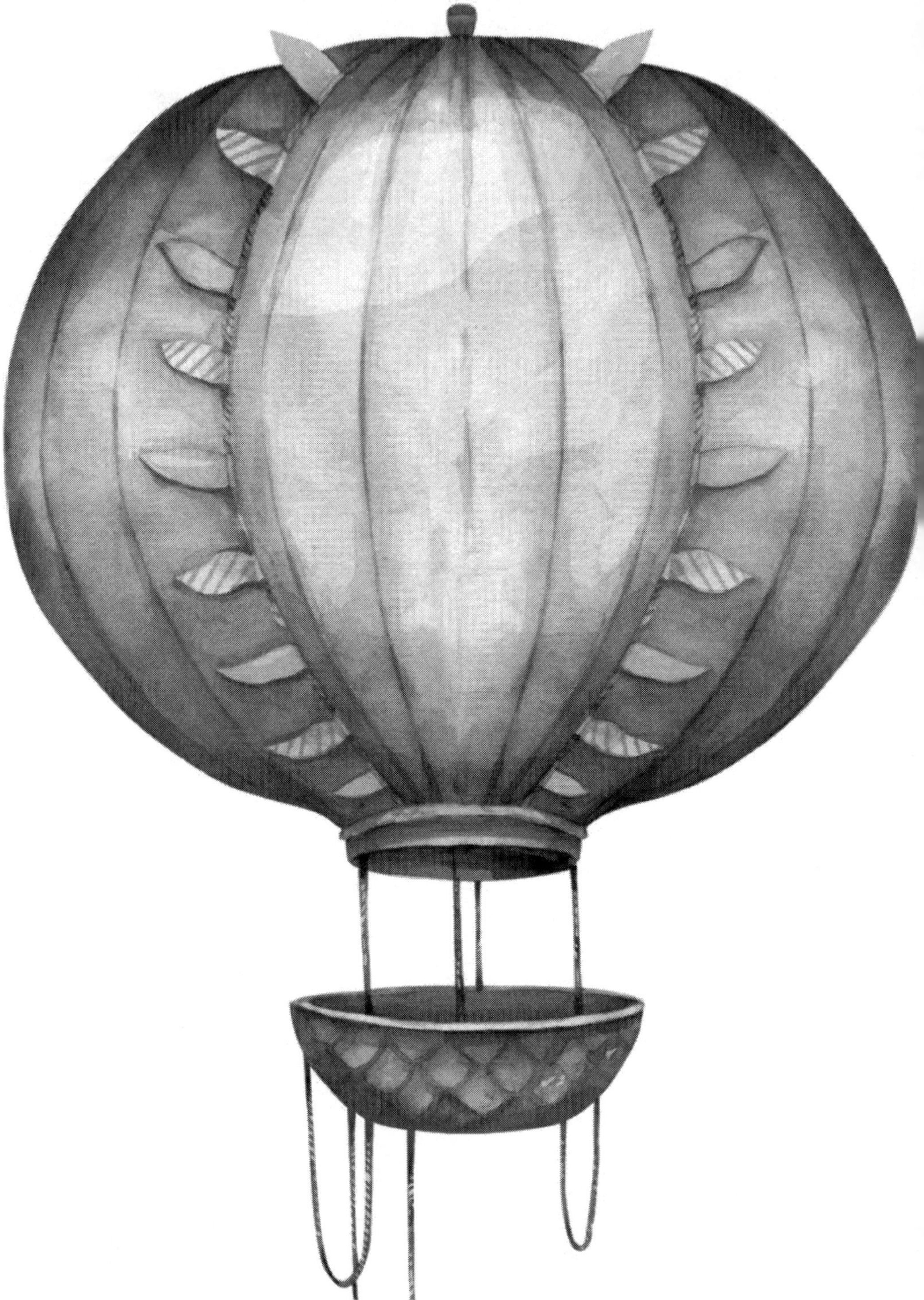

Traumreisen durch die Jahreszeiten

Das Erwachen der Frühlingskraft

Der geheimnisvolle Wald und die Suche nach dem Frühling (die eigene Fantasie wecken)

Liebe(r) _________, wenn du magst, kannst du jetzt deine Augen schließen. Ich verrate dir ein Geheimnis: Wenn deine äußeren Augen zu sind, dann öffnen sich deine inneren Augen. Und deine inneren Augen können noch viel mehr sehen als die Augen in deinem Gesicht.
In deiner Fantasie gibt es noch viel schönere Farben und Dinge als in der äußeren Welt. Lass uns jetzt auf die Reise in den Frühling gehen, um etwas davon zu entdecken.

Einklang

Du schließt deine Augen, da spürst du einen Wind im Gesicht. Nein, das ist nicht der kalte Winterwind, der Schnee und Eis bringt. Dieser Wind ist anders. Sanft streichelt er deine Wangen. Er fühlt sich mild an und weich. Wo spürst du ihn am besten? Auf deiner Nase? Auf deinen Wangen? In deinem Haar?
Du genießt das zärtliche Streicheln im Gesicht und da weißt du es: Das ist der erste Frühlingswind. Er duftet zart nach den ersten Frühlingsblumen und flüstert dir etwas ins Ohr: „Ich

bin zu dir gekommen, um dich auf eine Reise einzuladen: Liebe(r) _________, lass uns den Frühling suchen!“
Wie möchtest du reisen? Wer soll dich auf diese Reise mitnehmen? Dein Lieblingstier? Oder möchtest du auf dem Rücken des mächtigen Phönix-Vogels fliegen, der im Frühling neu geboren wird? Vielleicht sogar auf dem Rücken eines Einhorns? Oder bist du ein(e) Drachenreiter(in)? Wähle jetzt!
Gut! Dann nimm jetzt einen tiefen Atemzug und spüre, wie das Tier, welches du gewählt hast, angeflogen kommt. Sieh, wie es immer näher kommt, bis du es berühren kannst. Es schaut dich mit lieben Augen an und neigt seinen Kopf. Das bedeutet, dass du es jetzt streicheln darfst. Spüre, wie es sich anfühlt. Vielleicht ganz weich oder glatt oder warm oder ganz anders. Das weißt nur du allein, denn nur du darfst es streicheln. Heute ist dieses Tier ganz für dich da. Vielleicht werdet ihr sogar Freunde, wer weiß …
Wenn du magst, kannst du jetzt auf seinen Rücken steigen und die Reise beginnt. Halte dich gut fest und flüstere deinem Reisebegleiter ins Ohr, wie schnell er fliegen soll. Vielleicht magst du ganz langsam fliegen, damit du dir alles genau anschauen kannst. Vielleicht magst du auch schnell fliegen, damit du den Frühlingswind in deinem Gesicht spürst. Genauso, wie du es heute gerne magst, so wird es passieren.

Schau nach unten, zuerst fliegt ihr über Häuser. Sie haben lustige, bunte Dächer. Auf dem Spielplatz kannst du fröhliche Kinder sehen. Sie schauen mit großen Augen nach oben und staunen, weil sie dich dort oben fliegen sehen. So

schön wie du möchten sie auch einmal reisen. Vielleicht winkt dir sogar jemand zu und wünscht dir eine gute Reise.

Nun fliegt ihr über einen Wald. Da siehst du, dass der weiße Schnee geschmolzen ist, der vor kurzem noch auf den Bäumen lag. Auch die Eiszapfen sind verschwunden. Das geschmolzene Eis plätschert jetzt als kleiner Bach durch den Wald und rauscht dabei vor sich hin. Horch einmal genau hin, vielleicht singt das Bächlein sogar ein Frühlingslied für dich. Oder es raunt dir etwas zu. So ein kleiner Bach weiß so manches Geheimnis. Vielleicht verrät er dir heute eines davon und vielleicht macht es dich fröhlich, glücklich oder sogar stark.

Nun bedankst du dich bei dem Bächlein für dieses gute Gefühl. Deine Reise geht weiter. Ihr fliegt immer noch über hohe Bäume. Da siehst du mitten im Wald eine wunderschöne Lichtung. In der Mitte brennt ein großes Lagerfeuer und um das Feuer sitzen vier freundliche Gestalten. Sie haben schon auf dich gewartet und winken dir zu.

Das ist das Ziel deiner heutigen Reise. Wenn du magst, kannst du bei ihnen landen. Du kannst aber auch noch ein wenig hier oben kreisen und dir vorher alles genau anschauen, bevor du die vier Märchengestalten begrüßt.

Da gibt es eine lustige Gestalt mit fröhlichem Lachen und roten Apfelbäckchen. Seine Kleidung ist ganz bunt und duftet nach Blumen und Heu. Vielleicht weißt du es schon, das ist der Sommer. Er begrüßt dich freundlich: „Liebe(r) _________, schön, dass du hier bist! Wenn

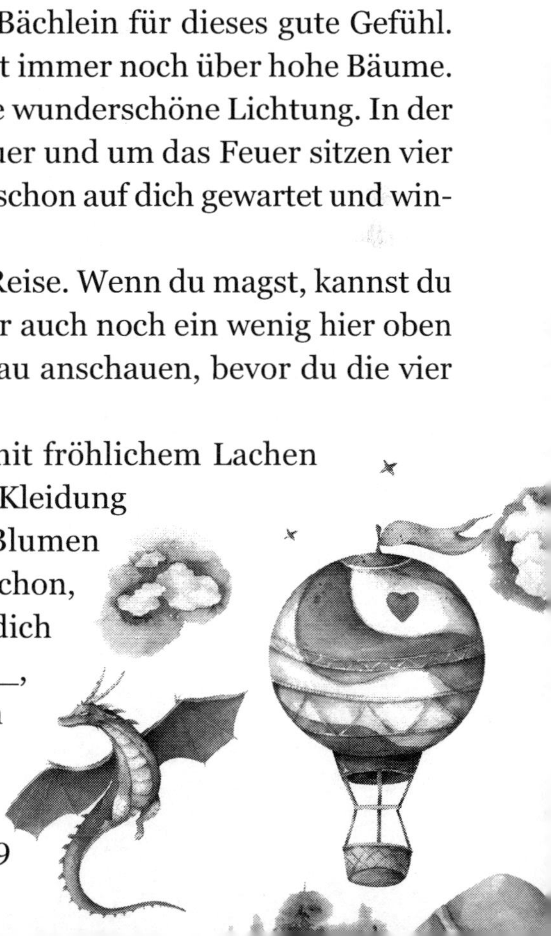

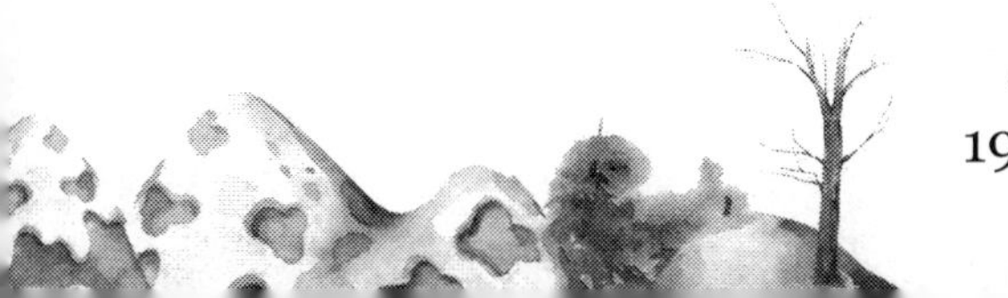

du im Sommer wiederkommst, dann habe ich auch ein Geschenk für dich. Aber jetzt ist noch nicht meine Zeit."
Neben dem Sommer sitzt eine wunderschöne Frau mit knallroten Haaren. Ihr Kleid ist noch viel bunter als das des Sommers. Vielleicht kannst du es dir schon denken, das ist die Herbstfrau. Auch sie begrüßt dich freundlich: „Liebe(r) _________, schön, dass du hier bist! Wenn du im Herbst wiederkommst, dann habe ich auch ein Geschenk für dich. Aber jetzt ist noch nicht meine Zeit."
Direkt daneben sitzt eine wunderschöne Gestalt in einem schneeweißen Kleid. In ihrem Haar glitzern wundervolle Sterne und ihre Haut ist strahlend weiß. Vielleicht weißt du es schon, das ist die Winterprinzessin. Sie begrüßt dich freundlich: „Liebe(r) _________, schön, dass du hier bist! Wenn du im Winter wiederkommst, dann habe ich ebenfalls ein Geschenk für dich. Aber jetzt ist noch nicht meine Zeit."
Es gibt noch eine vierte Gestalt am Feuer – einen jungen Mann mit einem lustigen, grünen Hütchen. Auf dem Hütchen wachsen Schneeglöckchen, die bimmeln fröhlich, wenn er seinen Kopf bewegt. Und das tut er ständig, er pfeift ein lustiges Lied dabei. Du kannst es dir sicher denken, das ist der Frühling. Er begrüßt dich freundlich und zwinkert dir dabei zu: „Liebe(r) _________, schön, dass du hier bist! Du bist genau zum richtigen Zeitpunkt gekommen. Ich habe ein Geschenk für dich!"
Er greift an sein grünes Hütchen und pflückt ein Schneeglöckchen für dich. Vorsichtig nimmst du die zarte Blume in die Hand. Wenn du sie an deine Wange hältst, dann streichelt dich der Frühlingswind. Und wenn du

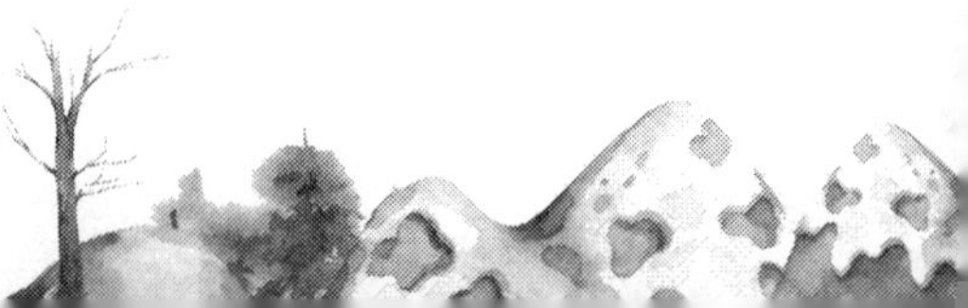

einmal traurig bist, dann wird ihr zartes Läuten dich trösten. Diese Blume kann sogar gemeinsam mit dir weinen.
So ein schönes Geschenk! Deine Augen strahlen und da lacht der Frühling sein fröhliches Lachen.

Ausklang zum Einschlafen

Nun ist es Zeit zu gehen. Vorsichtig steigst du auf den Rücken deines Reisebegleiters. Du zeigst ihm stolz dein Geschenk – das zarte Schneeglöckchen mit dem fröhlichen Läuten. Dann schwebt ihr gemeinsam ins Land der Träume hinüber. In deinen Träumen entdeckst du noch viele wunderbare Dinge. Wenn du magst, kannst du mir morgen früh davon erzählen. Gute Nacht und süße Frühlingsträume!

Ausklang zum Aufwachen

Nun fliegt dein Zaubertier wieder mit dir zur Erde zurück. Es setzt dich ganz langsam und sanft wieder hier bei mir ab. Wenn ich gleich bis drei zähle, bist du bei drei ausgeruht wie nach einem langen Schlaf. Ausgeruht, frisch und wach. Du fühlst dich richtig gut, so als ob du tief geschlafen hättest. Dein Kopf ist ganz leicht und frei. Dein Gesicht ist erfrischt wie von einem Frühlingswind. Bei drei öffnest du langsam die Augen, atmest tief ein und nimmst wahr, wie gut du dich fühlst.
Eins, du bist ausgeruht wie nach einem langen Schlaf.
Zwei, dein Kopf ist ganz leicht und frei, deine Augen sind klar und leuchtend wie der blaue Himmel.
Drei, du öffnest die Augen, atmest tief ein, reckst und streckst deine

Arme und Beine und nimmst wahr, wie gut du dich fühlst.

Willst du mir erzählen, wie deine Reise zu den Jahreszeiten war? Wenn du magst, kannst du auch verraten, mit welchem Zaubertier du geflogen bist. Und welches Geheimnis dir das Bächlein zugeraunt hat. Aber nur, wenn du mir dieses Geheimnis auch verraten möchtest.
Wie hat sich das Schneeglöckchen angefühlt? Hast du sein zartes Läuten schon gehört? Und wonach riecht es im Frühling?

Affirmation: Jede Jahreszeit hat ein Geschenk für mich.

Die Zauberkraft der ersten Frühlingsblume (innere Stärke erfahren und Trost bei Traurigkeit finden)

Kennst du das Geheimnis der ersten Frühlingsblume? Auf dieser Reise wirst du erfahren, woher diese kleine Blume ihre Zauberkräfte hat. Vielleicht hat dich ihr Läuten schon einmal getröstet, wenn du traurig warst. Wenn nicht, dann probiere es unbedingt mal aus. Dafür schließt du am besten deine Augen, dann kannst du das Läuten mit deinem Herzen hören.

Einklang

Heute geht deine Reise nach unten, tief in die Erde hinein. Dafür brauchst du wieder deine Fantasie. Am besten gelingt das Reisen nach unten mit geschlossenen Augen. Aber du kannst auch mit offenen Augen träumen. Probiere es aus, wie es bei dir am besten ist.
Spüre jetzt in deine Füße hinein. Was kannst du fühlen? Ein Kribbeln, ein Strömen, Wärme, Kühle oder ganz was anderes? Und während du in deine Füße hineinspürst, werden diese schwerer und schwerer.
Spüre jetzt in deine Beine hinein. Was fühlst du in deinen Beinen? Fühlt sich das rechte Bein anders an als das linke? Und während du in deine Beine hineinspürst, werden diese immer schwerer und schwerer.
Fühle jetzt in deinen Bauch und dein Becken hinein. Was spürst du hier? Und während du in deinen Bauch und dein Becken hineinspürst, werden diese schwerer und schwerer.

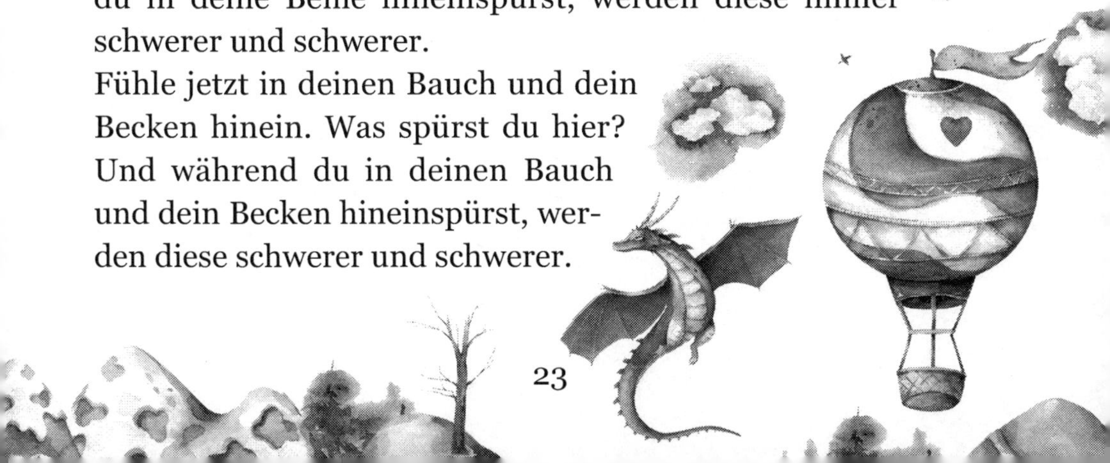

Spüre jetzt in deine Arme und Hände hinein. Wie fühlen sie sich an? Fühlt sich dein linker Arm anders an als dein rechter?
Und während du in deine Arme und Hände hineinspürst, werden diese immer schwerer und schwerer.
Spüre jetzt in deinen Rücken hinein. Wie fühlt sich dein Rücken an? Und während du in deinen Rücken hineinspürst, wird auch dieser schwerer und schwerer.
Nun ist dein ganzer Körper angenehm schwer. So wunderbar schwer, dass du einfach in die Erde hineinsinken kannst, wenn du das möchtest. Unten in der Erde wartet eine Überraschung auf dich. Du musst nichts dafür tun. Du genießt einfach die angenehme Schwere in deinem Körper. So sinkst du tiefer und tiefer. Das ist ganz einfach und fühlt sich gut an.
Wenn du tief genug angekommen bist, kannst du eine Zwiebel in der Erde sehen. Aber das ist keine gewöhnliche Zwiebel zum Aufessen. Aus dieser Zwiebel wird die erste Frühlingsblume geboren. Und weil du ein ganz besonderes Kind bist, darfst du heute dabei sein.
Wenn du magst, kannst du die Zwiebel jetzt einmal berühren. Wie fühlt sie sich an? Vielleicht ein bisschen warm, obwohl sie in der kalten Erde steckt? Ich verrate dir ein Geheimnis: In dieser Blumenzwiebel steckt die ganze Lebenskraft des ersten Schneeglöckchens. Deshalb ist sie möglicherweise warm, denn so ein Schneeglöckchen braucht sehr viel Kraft, das wirst du gleich erleben.
Lege deine Hand noch einmal auf die Blumenzwiebel, vielleicht kannst du jetzt ein sanftes Pulsieren oder Vibrieren spüren. Die kleine Früh-

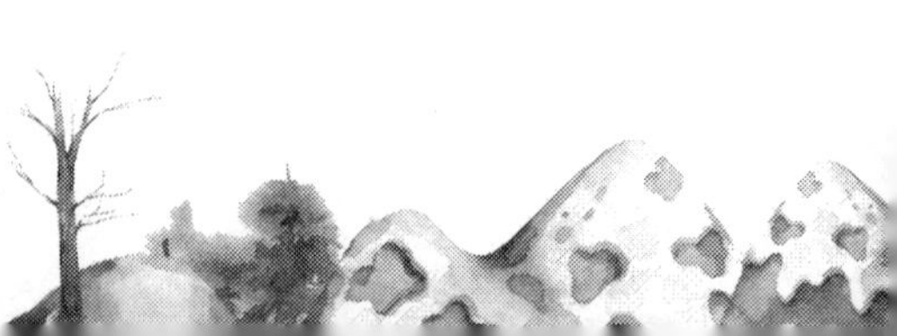

lingsblume wacht gerade auf. Schau mal, da guckt eine kleine, hellgrüne Spitze aus der Zwiebel heraus. Sie sieht ganz winzig und zart aus. Ich verrate dir noch ein Geheimnis: Diese kleine Blume ist ein bisschen wie du. Auch du wirkst manchmal zart und zerbrechlich, aber tief in dir, in deinem Herzen, gibt es eine große Kraft. Und mit dieser Kraft schiebt sich das neugeborene Blümchen durch die harte kalte Erde. Schau nur, wie gut es das macht.

Es ist schon fast draußen angekommen, doch was ist das? Da ist etwas Hartes oben auf der Erde. Oh, da liegt ja noch ein Rest Schnee vom Winter. Doch das Frühlingsblümchen lässt sich dadurch nicht aufhalten. Es bohrt sich sogar durch den kalten Schnee. Wenn du ihm dabei helfen magst, kannst du ein bisschen auf den Schnee hauchen. Auch wenn der Schnee kalt und hart ist, gibt das Blümchen nicht auf. Es ist zwar klein und zart, aber innen hat es eine große Kraft.

Geschafft, die Frühlingsblume ist durch den Schnee hindurch. Jetzt wächst sie zur Frühlingssonne hinauf. Sieh mal, am Stiel sprießen schon hellgrüne Blätter und oben bildet sich eine feine Knospe.

Jetzt kommt der große Moment, die Blütenknospe öffnet sich. Gleich kannst du erkennen, welches die erste Frühlingsblume ist. Vielleicht hörst du schon ihr zartes Läuten. Wahrscheinlich erkennst du es. Ja, richtig, es ist ein Schneeglöckchen. Und du warst dabei, als es heute geboren wurde. Du hast sogar ein bisschen geholfen.

Dafür bedankt sich das Schneeglöckchen jetzt bei dir. Es möchte

deine Freundin sein. Immer wenn du traurig bist, wird es für dich läuten. So ist Traurigsein gar nicht schlimm. Im Gegenteil, mit dem Läuten des Schneeglöckchens kannst du das Traurigsein sogar ein bisschen genießen. Es hilft dir dabei, deinen Schmerz fließen zu lassen. Lass deine Tränen fließen.

Jetzt ist es Zeit, dich zu verabschieden. Du berührst das zarte Blümchen zum Abschied und staunst noch einmal, welche große Kraft doch in so einer kleinen, zarten Blume steckt.

Ausklang zum Einschlafen

Nun schwebst du ins Land der Träume hinüber. Das zarte Läuten begleitet dich. In deinen Träumen entdeckst du noch viele wunderbare Dinge. Wenn du magst, kannst du mir morgen früh davon erzählen. Gute Nacht und süße Frühlingsträume!

Ausklang zum Aufwachen

Nun atmest du tief ein. Du spürst, wie du mit jedem Einatmen ein bisschen leichter wirst und wieder nach oben auf die Erde schwebst. Wenn ich gleich bis drei zähle, bist du bei drei ausgeruht wie nach einem langen Schlaf. Ausgeruht, frisch und wach. Du fühlst dich richtig gut, so als ob du tief geschlafen hättest. Dein Kopf ist ganz leicht und frei. Dein Gesicht ist erfrischt wie von einem Frühlingswind. Bei drei öffnest du langsam die Augen, atmest tief ein und nimmst wahr, wie gut du dich fühlst.

Eins, du bist ausgeruht wie nach einem langen Schlaf.

Zwei, dein Kopf ist ganz leicht und frei, deine Augen sind klar und

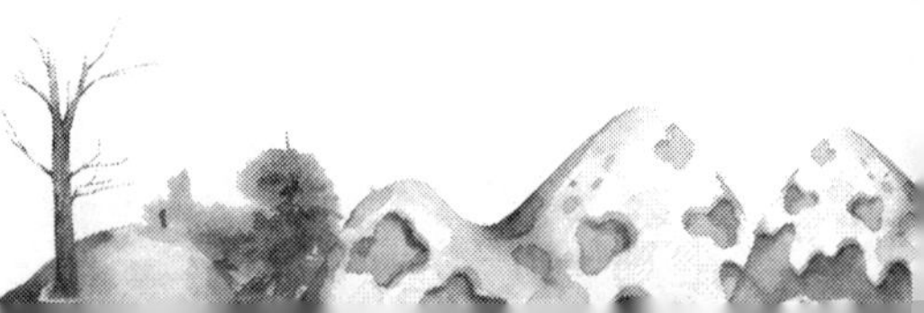

leuchtend wie der blaue Himmel. Drei, du öffnest die Augen, atmest tief ein, reckst und streckst deine Arme und Beine und nimmst wahr, wie gut du dich fühlst.

Willst du mir erzählen, wie die Geburt des Schneeglöckchens war? Wenn du magst, kannst du mir auch erzählen, welches Geheimnis es dir anvertraut hat. Aber nur, wenn du mir dieses Geheimnis auch verraten möchtest.
Wie hat sich das Schneeglöckchen angefühlt? Wie hat sich sein Läuten angehört?
Und wenn du das nächste Mal traurig bist, dann kannst du einfach daran denken und das Traurigsein vielleicht sogar ein bisschen genießen.

Affirmation: Auch kleine Dinge haben große Kraft.

Der Baum des Lebens erwacht (die Kraft des Neubeginns erleben)

Einklang

Lass uns heute (wieder) auf die Reise gehen. Wenn du magst, schließe dafür deine Augen, denn deine Augen sehen nur das, was außen ist. Aber dein Herz kann viel mehr sehen, weil es tief in dir drin ist. Und tief in dir drin gibt es noch so viele wunderbare Dinge, viel mehr als hier draußen. Tief in dir drin gibt es ganz viel Licht und bunte Farben. Es gibt wertvolle Schätze und wunderschöne Orte. Es gibt Zauberwesen, die immer für dich da sind und dir helfen, wenn du Hilfe brauchst. Mit jeder Reise entdeckst du neue Wunder. Lass dich überraschen, wohin die Reise heute geht.

Heute reist du mit einer Frühlingswolke, die schon am Himmel auf dich wartet. Schau, wie wunderschön sie leuchtet! Sie ruft deinen Namen: „Liebe(r) _________, schön, dass du da bist. Ich freue mich schon sehr auf unsere Reise.“

Nur du kennst den Zaubertrick, mit dem du deine Wolke herbeirufen kannst. Zähle einfach bis drei: 1 ... 2 ... 3 ...

Nun atmest du tief ein und ziehst die Wolke dabei ganz nah zu dir heran. Sie kommt näher und näher. Atme aus und dann noch einmal tief ein. Die Zauberwolke kommt immer näher, bis du sie anfassen kannst. Jetzt spürst du, wie wunderbar weich und kuschelig deine Wolke ist. Sie ist bereit für deine Reise. Du steigst auf und machst es dir bequem. Fliegen ist einfach wunderbar.

Die Wolke fliegt mit dir über einen wunderschönen Wald. Schau mal nach unten, an manchen Stellen

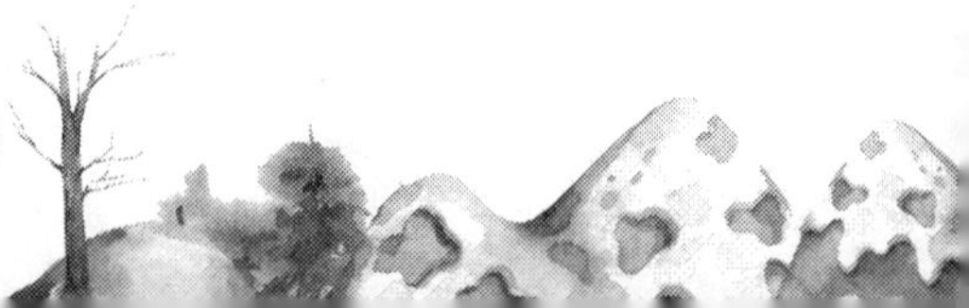

liegt noch etwas Schnee vom Winter. Doch die Sonne mit ihren warmen Strahlen hat schon viel davon weggeleckt. Und wenn du genau hinschaust, kannst du auch deine Freundin, das Schneeglöckchen sehen. Sie winkt dir zu und lässt dabei ihr zartes Läuten hören. Da stimmen die anderen Schneeglöckchen mit ein und die Luft ist von einer wunderbaren Frühlingsmelodie erfüllt. Voller Staunen hörst du der zauberhaften Melodie eine Weile zu.

Nun geht es weiter, zu einem Freund, den du vielleicht schon kennst: zum Baum des Lebens. Wenn du ihn heute erst kennenlernst, dann wirst du staunen, welche kräftigen Wurzeln er hat. Sie halten ihn fest in der Erde, auch wenn draußen ein Sturm tobt. Deine Wolke setzt dich vorsichtig neben dem Baum auf der Erde ab. Sofort begrüßt er dich freudig: „Liebe(r) __________, schön, dass du hier bist! Du bist genau zum richtigen Zeitpunkt hergekommen. Ich habe ein Geschenk für dich!“

Du berührst mit beiden Händen seinen kräftigen Stamm, um ihn zu begrüßen. Du fühlst seine raue Rinde und streichelst sie mit deinen Fingerspitzen. Wenn du ganz genau hinhörst, dann kannst du sogar seinen Lebenssaft rauschen hören. Er strömt von den Wurzeln in den Stamm hinauf. Vielleicht vibriert es sogar an deinen Fingerspitzen.

Der Baum des Lebens hat heute ein besonderes Geschenk für dich: Er berührt vorsichtig deine Füße und da spürst du, wie aus deinen Fußsohlen kräftige Wurzeln wachsen. Sie geben dir jede Menge Kraft und Halt. Jetzt kann dich nichts mehr umwerfen. Der

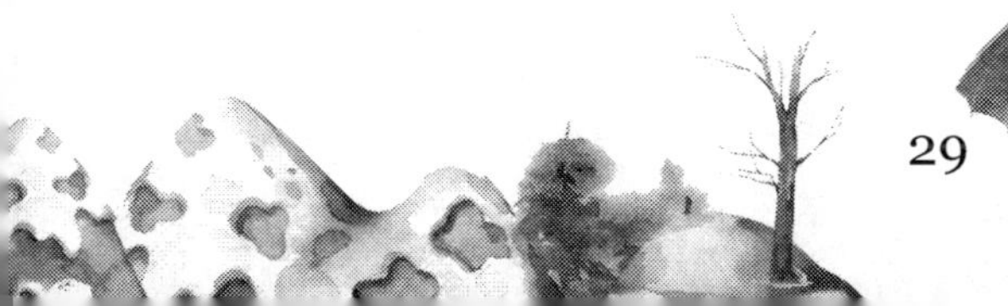

Baum des Lebens flüstert dir ein Geheimnis zu: „Diese Wurzeln gehören jetzt dir. Sie sind immer da, auch wenn du sie nicht sehen kannst. Aber du kannst sie spüren. Wenn du dich mal wackelig auf deinen Beinen fühlst, dann spüre einfach in deine Fußsohlen hinein. Fühle, wie die Kraft aus deinen Wurzeln deine Beine hinauffließt und dich stärker und stärker macht. Deine Wurzeln erinnern dich an deine Kraft."

Der Baum des Lebens zieht mit seinen Wurzeln Lebenssaft aus der Erde. Der Lebenssaft fließt den Stamm hinauf bis in alle Äste und Zweige hinein. An den Zweigen kannst du dicke Knospen erkennen. Diese Knospen warten schon den ganzen Winter auf den heutigen Tag, weil heute ein Wunder passiert. Schau hin, damit du es nicht verpasst. Die erste Knospe springt auf und ein zartes grünes Blättchen erscheint. Zuerst ist es noch ganz zerknittert, aber bald reckt und streckt es sich und wird groß und glatt. An diesem Blatt kannst du erkennen, welcher Baum dein Baum des Lebens ist.

Was für ein Fest! Kaum ist das erste grüne Blatt ausgeschlüpft, machen es ihm die anderen Blätter nach. Auch an den Bäumen daneben passiert etwas. Der Wald erwacht zu neuem Leben und du darfst dabei sein. Was für ein wundervoller Frühlingstag!

Der Baum des Lebens zeigt dir noch ein Geheimnis: „Schau mal, ich habe noch andere Knospen, da sind meine Blüten drin. Besuch mich bald wieder. Dann kannst du erleben, wie meine Blüten ins Leben geboren werden. An diesem Tag feiern wir ein Blütenfest, auf dem sich alle fröhlich anziehen, tanzen, singen und lachen. Wenn der Wind durch meine Blüten pustet, dann fallen viele weiße Blütenblät-

ter nach unten. Das sieht ein bisschen aus, als ob es schneit."
Fröhlich kletterst du auf deine Frühlingswolke und steigst mit ihr langsam in den Himmel hinauf. Von hier oben kannst du sehen, dass der Wald auf einmal viel grüner geworden ist. In den Zweigen sitzen lustige Waldvögel. Sie feiern das neue Grün mit einem ersten Frühlingslied.

Ausklang zum Einschlafen

Sanft schwebst du mit deiner Frühlingswolke ins Land der Träume hinüber. Das zarte Grün der Bäume begleitet dich. In deinen Träumen entdeckst du noch viele wunderbare Dinge. Wenn du magst, kannst du mir morgen früh davon erzählen. Gute Nacht und süße Frühlingsträume!

Ausklang zum Aufwachen

Nun fliegt deine Frühlingswolke wieder mit dir zur Erde zurück. Sie setzt dich ganz langsam und sanft wieder hier bei mir ab. Wenn ich gleich bis drei zähle, bist du bei drei ausgeruht wie nach einem langen Schlaf. Ausgeruht, frisch und wach. Du fühlst dich richtig gut, so als ob du tief geschlafen hättest. Dein Kopf ist ganz leicht und frei. Dein Gesicht ist erfrischt wie von einem Frühlingswind. Bei drei öffnest du langsam die Augen, atmest tief ein und nimmst wahr, wie gut du dich fühlst.
Eins, du bist ausgeruht wie nach einem langen Schlaf.
Zwei, dein Kopf ist ganz leicht und frei, deine Augen sind klar und leuchtend wie der blaue Himmel.

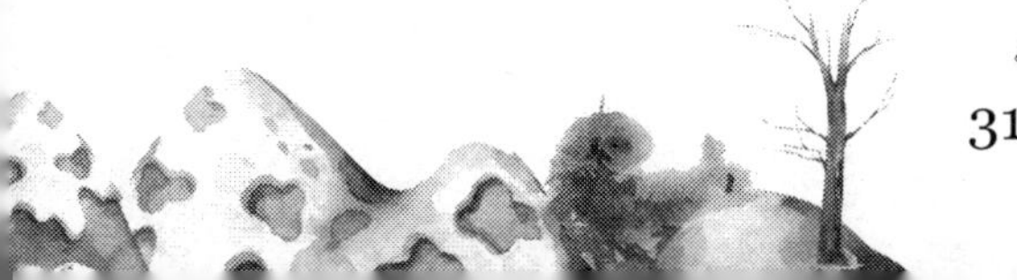

Drei, du öffnest die Augen, atmest tief ein, reckst und streckst deine Arme und Beine und nimmst wahr, wie gut du dich fühlst.

Wenn du magst, kannst du mir jetzt erzählen, wie dein Besuch beim Baum des Lebens war. Hast du deine Wurzeln an den Fußsohlen schon spüren können? Wie sahen die Blätter aus, die aus den Knospen herauskamen? Hast du erkannt, wie dein Baum des Lebens heißt? Wenn du Lust hast, dann können wir einen solchen Baum beim nächsten Spaziergang suchen. Wir schauen uns seine starken Wurzeln an und streicheln seine Rinde. Vielleicht feiert er sogar mit uns ein Frühlingsfest.

Affirmation: Ich habe starke Wurzeln.

Der Zauberstab des Aprils (sich als selbstwirksam und kreativ erfahren)

Einklang

Heute erwartet dich eine ganz besondere Reise, eine Reise, bei der du zaubern darfst. Du kannst dir aussuchen, wie du reisen möchtest.

Wer soll dich auf diese Reise mitnehmen? Wieder die Frühlingswolke? Oder möchtest du auf dem Rücken eines Einhorns fliegen? Oder auf einem anderen magischen Tier? Wähle jetzt!

Gut! Dann nimm jetzt einen tiefen Atemzug und spüre, wie dein Wolkenschiff oder das Tier, welches du gewählt hast, angeflogen kommt. Sieh, wie es immer näher kommt, bis du es berühren kannst. Spüre, wie es sich anfühlt. Vielleicht ganz weich oder warm oder ganz anders. Das weißt allein du, denn nur du kannst es berühren.

Wenn du magst, kannst du jetzt aufsteigen und die Reise beginnt. Halte dich gut fest und flüstere deinem Reisebegleiter ins Ohr, wie schnell die Reise sein soll. Vielleicht magst du ganz langsam fliegen, damit du dir alles genau anschauen kannst. Vielleicht magst du auch schnell fliegen, damit du den Frühlingswind in deinem Gesicht spürst. So, wie es heute gut für dich ist, wird es passieren.

Erinnerst du dich an den magischen Platz im Wald, wo du die Jahreszeiten getroffen hast? Genau dort soll die Reise hinführen. Doch heute sitzen nicht die vier Jahreszeiten am Feuer. Heute kannst du hier zwölf Gestalten finden. Ein lustiger Geselle kommt

gleich auf dich zu, um dich zu begrüßen. „Liebe(r) _________, schön, dass du hier bist! Du bist genau zum richtigen Zeitpunkt hergekommen. Ich habe eine Überraschung für dich! Mein Name ist April. Ich trage das grüne Hütchen des Frühlings.“

Doch was ist das? An seinem Hemd glitzern auf der einen Seite die Eiskristalle der Winterprinzessin. Auf der anderen Seite gibt es ein paar duftende Blumen. Neugierig schaust du dem April ins Gesicht und er zwinkert dir zu. Vielleicht kennst du ja seinen Lieblingsreim: April, April, der macht was er will. Mal Regen und mal Sonnenschein, dann schneit es wieder ins Grün hinein. Und so ist es auch. Der April kann mit seinem Zauberstab das Wetter ändern.

Und jetzt kommt die Überraschung für dich: Der April zwinkert dir noch einmal zu und dann übergibt er dir seinen Zauberstab. Heute darfst du selbst zaubern. Dafür steigt ihr gemeinsam auf einen kleinen Berg, von dem du alles gut überblicken kannst. Du siehst Bäume, Wiesen und sogar einen kleinen See.

Du schaust auf den Zauberstab in deinen Händen. Er hat eine weiße und eine grüne Spitze. Wenn du mit der weißen Spitze auf die Landschaft zeigst, dann wird es kälter. Aus den Wolken kommen dann Schneeflocken und Hagelkörner heraus. Der See bekommt eine Eishaut. Probiere es aus, aber sei bitte vorsichtig! Du weißt ja, dass schon die ersten Frühlingsblumen blühen. Und die Bäume haben schon die ersten zarten Blätter bekommen. Am Magnolienbaum gibt es sogar schon wunderschöne Blüten. Die vertragen ein paar Schneeflocken gut, aber zu viel Kälte würde sie erfrieren lassen.

Deshalb ist es gut, dass du auch

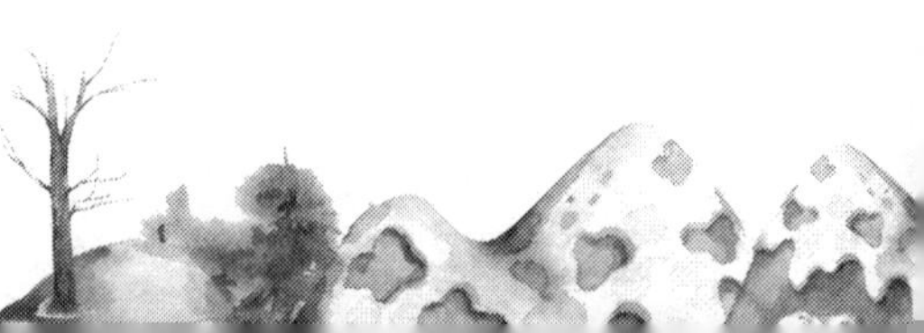

einmal die grüne Spitze des Zauberstabes ausprobierst. Wenn du mit ihr auf die Landschaft zeigst, wird es wärmer. Der Schnee und das Eis tauen zu Wasser. Daraus entsteht ein kleiner Frühlingsbach. Lustig plätschert er durchs Tal. Vielleicht kannst du ihn schon hören. Wenn es noch wärmer wird, springen immer mehr Knospen auf. Die Bäume fangen an zu blühen. Wie wunderbar das duftet!

Jetzt hast du noch etwas Zeit, mit dem Zauberstab zu spielen. Du kannst selbst wählen, ob du die weiße oder die grüne Spitze benutzt. Das macht riesigen Spaß. Nimm dir ruhig Zeit, um mit dem Wetter zu spielen. Jetzt weißt du, warum der April so fröhlich ist. Nun wird es langsam Zeit, den Zauberstab zurückzugeben. Du bedankst dich für die wunderschöne Überraschung und der April flüstert dir zu, dass du ihn gerne noch einmal besuchen kannst, um mit ihm zu spielen.

Ausklang zum Einschlafen

Vorsichtig steigst du auf deinen Reisebegleiter, dann schwebt ihr ins Land der Träume hinüber. In deinen Träumen entdeckt ihr gemeinsam noch viele wunderbare Dinge. Wenn du magst, kannst du mir morgen früh davon erzählen. Gute Nacht und süße Frühlingsträume!

Ausklang zum Aufwachen

Nun fliegt deine Wolke oder dein Zaubertier wieder mit dir zur Erde zurück. Es setzt dich ganz langsam und sanft wieder hier bei mir ab. Wenn ich gleich bis drei zähle,

bist du bei drei ausgeruht wie nach einem langen Schlaf. Ausgeruht, frisch und wach. Du fühlst dich richtig gut, als ob du tief geschlafen hättest. Dein Kopf ist ganz leicht und frei. Dein Gesicht ist erfrischt wie von einem Frühlingswind. Bei drei öffnest du langsam die Augen, atmest tief ein und nimmst wahr, wie gut du dich fühlst.
Eins, du bist ausgeruht wie nach einem langen Schlaf.
Zwei, dein Kopf ist ganz leicht und frei, deine Augen sind klar und leuchtend wie der blaue Himmel.
Drei, du öffnest die Augen, atmest tief ein, reckst und streckst deine Arme und Beine und nimmst wahr, wie gut du dich fühlst.

Wenn du magst, kannst du mir jetzt erzählen, wie deine Reise zum April war. Wie hat er ausgesehen? Und wie sahen die anderen Monate aus? Wie war es, mit dem Zauberstab zu zaubern? Wie sah die Landschaft aus, wenn du die weiße Spitze benutzt hast? Und wie bei der grünen? Wenn du magst, können wir vielleicht einen Wetterkalender für den April anlegen, um aufzumalen, wann er welche Zauberspitze benutzt.

Affirmation: Ich gestalte meine Welt, wie sie mir gefällt.

Ostereiersuche im Zauberwald (die positive Wirkung der Farben kennenlernen)

Einklang

Heute ist deine Frühlingswolke schon ganz aufgeregt, denn heute ist der Ostermorgen. Sie möchte dich zum Zauberwald mitnehmen, um Ostereier zu suchen. Schau nach oben, da kommt sie schon angeflogen. Sieh, sie hat dir sogar einen Korb mitgebracht! Schon von weitem ruft sie deinen Namen: „Liebe(r) _________, schön, dass du da bist. Ich freue mich schon sehr auf unsere gemeinsame Ostereiersuche.“
Nur du kennst den Zaubertrick, mit dem du deine Wolke herbeirufen kannst. Zähle einfach bis drei: 1 … 2 … 3 …
Nun atmest du tief ein und ziehst die Wolke dabei ganz nah zu dir heran. Sie kommt näher und näher. Atme aus und dann noch einmal tief ein. Die Zauberwolke kommt immer näher, bis du sie anfassen kannst. Jetzt spürst du, wie wunderbar weich und kuschelig deine Wolke ist. Sie ist bereit für deine Reise. Du steigst auf und machst es dir bequem. Fliegen ist einfach wunderbar.

Heute geht es zum Zauberwald. Du siehst ihn schon von weitem in einem wunderschönen Hellgrün leuchten. Das war bestimmt der April mit seinem Zauberstab. Auf einer Lichtung siehst du den Baum des Lebens stehen. Er winkt dir zu und ruft: „Liebe(r) _________, schön, dass du da bist! Komm mich bald wieder besuchen!“ Du winkst ihm zu und spürst dabei in deine Fußsohlen. Du fühlst deine kräftigen Wurzeln. Du bist stark wie ein Baum.

Nun geht es weiter. Doch was ist das? Zwischen dem Grün der Bäume siehst du bunte Farben leuchten. Vielleicht Blumen, vielleicht auch Ostereier. Um das herauszufinden, musst du näher heran. Du gibst deiner Wolke ein Zeichen und sie setzt zur Landung an.

Tatsächlich, jetzt siehst du es. Zwischen den Bäumen blinken im Gras bunt bemalte Ostereier. Gut, dass die Frühlingswolke an einen Korb gedacht hat. Du darfst dir so viele bunte Eier hineinlegen, wie du möchtest. Jedes Ei hat besondere Zauberkräfte:

- ❤ Das rote Ei gibt dir innere Stärke.
- ❤ Das orange Ei kann dich wärmen, wenn dir mal kalt ist.
- ❤ Das gelbe Ei macht dich fröhlich.
- ❤ Das grüne Ei kann dein Herz beruhigen, wenn du mal Angst hast.
- ❤ Das hellblaue Ei kann dich kühlen, wenn dir mal zu warm ist. Es hilft sogar bei Halsschmerzen.
- ❤ Das dunkelblaue Ei stärkt deine Augen, damit du noch mehr schöne Dinge siehst.
- ❤ Das violette Ei beschützt dich immer dann, wenn du Schutz brauchst.
- ❤ Es gibt sogar ein Ei in deiner Lieblingsfarbe. Welche Zauberkräfte dieses Ei hat, das weißt nur du allein.

Doch was ist das? Hinter einem Busch liegt ein goldenes Ei. Ob du das auch mitnehmen kannst? Vorsichtig – flüstert da jemand hinter dir. Du drehst dich um und siehst einen jungen Hasen im Gras sitzen. Jetzt kommt er herangehop-

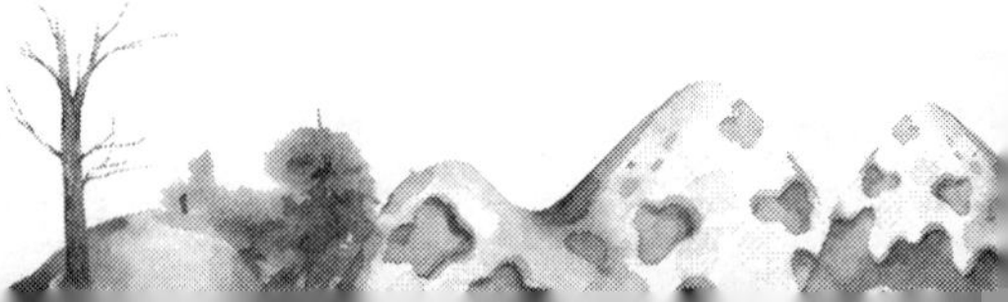

pelt und begrüßt dich freundlich. „Liebe(r) ________, schön, dass du da bist. Ich sehe, du hast schon viele Zaubereier gefunden. Sie gehören alle dir. Aber das goldene Ei darfst du nicht berühren. Setz dich zu mir ins Gras und schau genau hin, dann erfährst du sein Geheimnis.“

Du setzt dich ins weiche Gras und das Häschen hoppelt auf deinen Schoß. Jetzt kannst du es berühren, wenn du magst. Fühle einmal, wie weich sein Fell ist.
Da hörst du ein Geräusch. Es kommt aus dem goldenen Ei. Zuerst ein leichtes Klicken, dann ein Klopfen. Jetzt bekommt das Ei einen Riss. Pass auf, flüstert der Hase, jetzt passiert etwas ganz Besonderes und du darfst dabei sein.
Langsam, ganz langsam kommt ein Tier aus dem Ei herausgekrochen. Es glitzert in hellen Farben. Aber das ist ja gar kein Vogel. Schau genau hin, das ist ein kleines neugeborenes Einhorn. Es reckt und streckt sich und dann stellt es sich auf seine wackeligen Beine. Ups, jetzt ist es wieder umgefallen. Aber das ist nicht schlimm, schon steht es wieder auf. Als du laufen gelernt hast, bist du auch immer wieder umgefallen. Und auch du bist immer wieder aufgestanden, mit jedem Schritt ging es ein wenig besser. Jetzt klappt es schon prima.
Vorsichtig, Schritt für Schritt, kommt das junge Einhorn auf dich zu. Es schaut dich mit lieben Augen an, dann senkt es seinen Kopf. Du darfst sein goldenes Horn berühren. Wer ein Einhorn berühren darf, der hat großes Glück. Ein Einhorn erinnert dich immer an deine eigene Zauberkraft.
Es schaut dich noch einmal mit

lieben Augen an, dann verschwindet es im Wald hinter den Bäumen. Du winkst ihm hinterher und fühlst dich sehr glücklich. Auch das Häschen hoppelt jetzt wieder in den Wald hinein. Es ruft dir noch zu: „Liebe(r) ________, besuch mich bald wieder!“

Mit Glück im Bauch steigst du auf deine Frühlingswolke und nimmst den Korb mit den Zaubereiern auf deinen Schoß. Jetzt kann die Heimreise beginnen. Von oben siehst du den hellgrünen Zauberwald leuchten. Und zwischen den Bäumen gibt es noch mehr bunte Farben. Bestimmt kommst du bald einmal wieder hierher und besuchst deine neuen Freunde. Vielleicht sind sie beim nächsten Mal schon etwas gewachsen.

Ausklang zum Einschlafen

Sanft schwebst du mit deiner Frühlingswolke ins Land der Träume hinüber. Die bunten Farben der Zaubereier begleiten und schützen dich. In deinen Träumen entdeckst du noch viele wunderbare Dinge. Wenn du magst, kannst du mir morgen früh davon erzählen. Gute Nacht und süße Frühlingsträume!

Ausklang zum Aufwachen

Nun fliegt deine Frühlingswolke wieder mit dir zur Erde zurück. Sie setzt dich ganz langsam und sanft wieder hier bei mir ab. Wenn ich gleich bis drei zähle, bist du bei drei ausgeruht wie nach einem langen Schlaf. Ausgeruht, frisch und wach. Du fühlst dich richtig gut, so als ob du tief geschlafen hättest. Dein Kopf ist ganz leicht und frei. Dein Gesicht ist erfrischt wie von einem Frühlingswind. Bei drei öffnest du

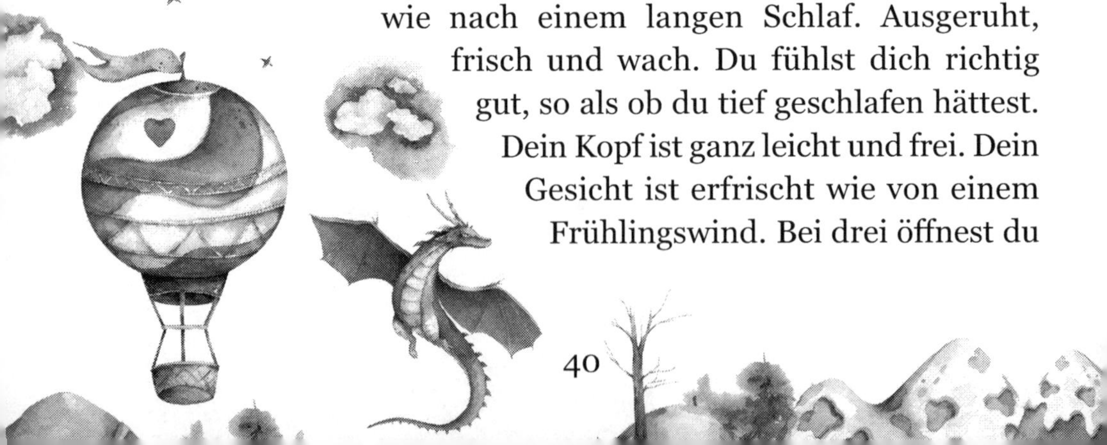

langsam die Augen, atmest tief ein und nimmst wahr, wie gut du dich fühlst.
Eins, du bist ausgeruht wie nach einem langen Schlaf.
Zwei, dein Kopf ist ganz leicht und frei, deine Augen sind klar und leuchtend wie der blaue Himmel.
Drei, du öffnest die Augen, atmest tief ein, reckst und streckst deine Arme und Beine und nimmst wahr, wie gut du dich fühlst.

Wenn du magst, kannst du mir jetzt erzählen, wie es im Zauberwald war. Wie hat es sich angefühlt, einen Hasen auf dem Schoß zu haben? Und wie hat sich das Einhorn angefühlt? Welche Farben haben die Zaubereier, die du gefunden hast? Und welche Zauberkraft kannst du davon am meisten gebrauchen?

Affirmation: Hinfallen ist nicht schlimm. Ich stehe immer wieder auf.

Der zauberhafte Schmetterling (Vertrauen in die Dunkelheit finden und erleben, dass dort Wunder passieren können)

Einklang

Heute möchte dich deine Frühlingswolke noch einmal zum Baum des Lebens mitnehmen, um dir etwas ganz Besonderes zu zeigen. Schau nach oben, da kommt sie schon angeflogen. Sie ruft schon von weitem deinen Namen: „Liebe(r) ________, schön, dass du da bist.“

Nur du kennst den Zaubertrick, mit dem du deine Wolke herbeirufen kannst. Zähle einfach bis drei: 1 ... 2 ... 3 ...

Nun atmest du tief ein und ziehst die Wolke dabei ganz nah zu dir heran. Sie kommt näher und näher. Atme aus und dann noch einmal tief ein. Die Zauberwolke kommt immer näher, bis du sie anfassen kannst. Jetzt spürst du, wie wunderbar weich und kuschelig deine Wolke ist. Sie ist bereit für deine Reise. Du steigst auf und machst es dir bequem. Fliegen ist einfach wunderbar.

Auch der Baum des Lebens ruft dir schon von weitem entgegen: „Liebe(r) ________, schön, dass du da bist! Ich möchte dir etwas ganz besonderes zeigen.“ Da siehst du, dass der Baum des Lebens wundervolle Blüten bekommen hat. Schon von hier oben riechst du ihren frischen Duft.

Vorsichtig zeigt dir der Baum ein großes grünes Blatt. Darauf sitzt eine braune Raupe. Ist das die Überraschung? Ja, du wirst staunen, was jetzt passiert. Am besten setzt du dich wieder ins Gras und schaust genau hin.

Da siehst du, dass das Blatt ange-

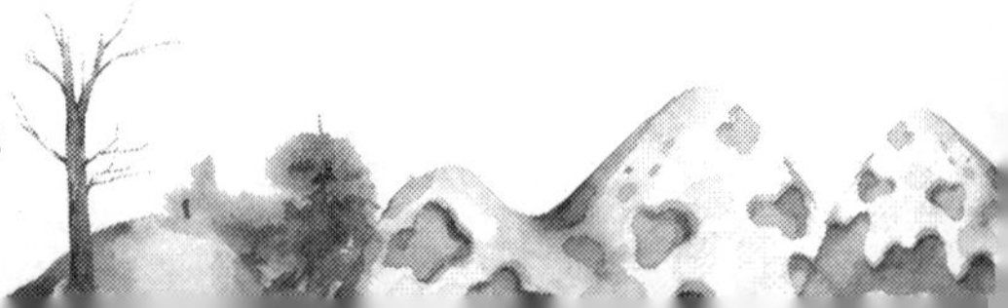

fressen ist. Die kleine, braune Raupe hatte wohl mächtigen Hunger gehabt. Jetzt ist sie kugelrund und satt. Sie beginnt, ihren Kopf immer wieder hin- und herzubewegen und wenn du genau hinschaust, kannst du einen dünnen Glitzerfaden sehen. Die Raupe spinnt sich einen Kokon, darin soll es ganz gemütlich sein. Drei Tage lang spinnt sie an dem Faden, dabei wird sie ganz dünn und fast durchsichtig. Nun kann das Wunder geschehen.

Ein Wunder? Ja, warte einfach noch ein Weilchen. Auch die Raupe muss viel Geduld haben. Sie heißt jetzt übrigens Puppe.

Hat sie denn keine Angst im Dunkeln? Nein, die Dunkelheit ist ihr Freund. Die Dunkelheit ist wie eine Decke, welche die Raupe wärmt und schützt. Im Dunkeln passieren die größten Wunder.

Nun kannst du etwas sehen. Der Kokon bewegt sich. Ob jetzt die Raupe wieder herauskommt? Aber nein, du weißt es sicher besser als ich. Aus dem Kokon schlüpft ein wunderschöner Schmetterling. Zuerst sieht er noch ein bisschen zerknittert aus, aber er reckt und streckt sich und schließlich faltet er seine Flügel auseinander. Welch prächtige Farben dort auf seinen Flügeln glänzen. Und schon erhebt er sich und fliegt der Sonne entgegen. Das sieht so wunderschön aus, dass du ihm ganz lange nachschaust, bis er nicht mehr zu sehen ist.

Jetzt blickst du zum Baum des Lebens und wunderst dich. Der Baum weint. Ob er traurig ist? Nein, er weint vor Freude über das Wunder des Schmetterlings. Er hat schon viele Schmetterlinge schlüpfen sehen und doch ist es jedes Mal wieder etwas Besonderes.

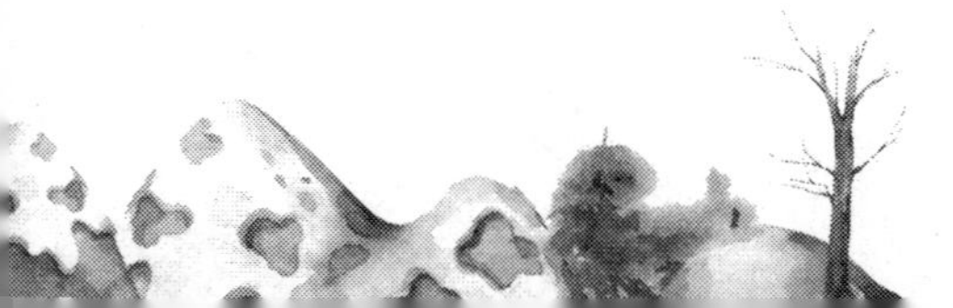

Beim Weinen zittert der Baum des Lebens ein wenig. Und schau, da fallen viele weiße Blütenblätter aus seiner Krone herab. Das ist, als ob es im Frühling schneit. Fröhlich stellst du dich in den Blütenregen und tanzt einen Frühlingstanz. So fühlen sich Wunder an.

Ich verrate dir ein Geheimnis: Wer einmal so ein Wunder mit seinen eigenen Augen gesehen hat, der wird immer wieder neue Wunder auf dieser Welt entdecken.

„Komm bald wieder", sagt der alte Baum, „und erzähle mir, welche Wunder dir begegnet sind." Fröhlich steigst du auf deine Frühlingswolke und winkst deinem Freund, dem Lebensbaum zu. Auch der Baum winkt dir mit seinen Zweigen, dabei gibt es noch mehr Blütenregen. Das sieht wunderschön von hier oben aus.

Ausklang zum Einschlafen

Sanft schwebst du mit deiner Frühlingswolke ins Land der Träume hinüber. Die Blütenblätter in deinen Haaren begleiten dich. Du kannst riechen, wie gut sie duften. In deinen Träumen entdeckst du noch viele wunderbare Dinge. Wenn du magst, kannst du mir morgen früh davon erzählen. Gute Nacht und süße Frühlingsträume!

Ausklang zum Aufwachen

Nun fliegt deine Frühlingswolke wieder mit dir zur Erde zurück. Sie setzt dich ganz langsam und sanft wieder hier bei mir ab. Wenn ich gleich bis drei zähle, bist du bei drei ausgeruht wie nach einem langen Schlaf. Ausgeruht, frisch und wach. Du fühlst dich richtig

gut, als ob du tief geschlafen hättest. Dein Kopf ist ganz leicht und frei. Dein Gesicht ist erfrischt wie von einem Frühlingswind. Bei drei öffnest du langsam die Augen, atmest tief ein und nimmst wahr, wie gut du dich fühlst.
Eins, du bist ausgeruht wie nach einem langen Schlaf.
Zwei, dein Kopf ist ganz leicht und frei, deine Augen sind klar und leuchtend wie der blaue Himmel.
Drei, du öffnest die Augen, atmest tief ein, reckst und streckst deine Arme und Beine und nimmst wahr, wie gut du dich fühlst.

Wenn du magst, kannst du mir jetzt erzählen, wie es war, als der Schmetterling aus der Dunkelheit geboren wurde. Welche Wunder wohl noch in der Dunkelheit geschehen?

Affirmation: Die Dunkelheit ist voller Wunder.

Die zauberhafte Welt der Sommerfreuden

Das Geheimnis der Sommersonne (die innere Sonne spüren, die Kraft des Sonnengeflechtes erleben)

Liebe(r) __________, wenn du magst, kannst du jetzt deine Augen schließen. Ich verrate dir ein Geheimnis: Wenn deine äußeren Augen zu sind, dann öffnen sich deine inneren Augen. Und deine inneren Augen können noch viel mehr sehen als die Augen in deinem Gesicht.

In deiner Fantasie gibt es noch viel schönere Farben und Dinge als in der äußeren Welt. Lass uns jetzt auf die Reise in den Sommer gehen, um mehr davon zu entdecken.

Einklang

Du schließt deine Augen, da spürst du einen Wind im Gesicht. Nein, das ist nicht der milde Frühlingswind. Dieser Wind ist anders. Liebevoll streichelt er deine Wangen. Er fühlt sich richtig warm an. Wo spürst du ihn am besten? Auf deiner Nase? Auf deinen Wangen? In deinem Haar?

Du genießt das zärtliche Streicheln im Gesicht und da weißt du es: Das ist der erste Sommerwind. Er duftet nach Blumen, Heu und Badesee, vielleicht sogar nach dem salzigen Meer. Der Sommerwind flüstert dir etwas ins Ohr: „Ich bin zu dir gekommen, um dich auf eine Reise einzuladen:

Liebe(r) ________, lass uns den Sommer suchen!“

Wer soll dich auf diese Reise mitnehmen? Eine weiße Sommerwolke? Vielleicht sieht sie aus wie ein Tier. Oder möchtest du auf dem Rücken eines magischen Tieres fliegen? Wähle jetzt!

Gut! Dann nimm jetzt einen tiefen Atemzug und spüre, wie die Wolke oder das Tier, welches du gewählt hast, angeflogen kommt. Sieh, wie es immer näher kommt, bis du es berühren kannst. Spüre, wie es sich anfühlt. Vielleicht ganz weich oder warm oder ganz anders. Das kannst nur du wissen, denn nur du darfst es berühren.

Wenn du magst, kannst du jetzt aufsteigen und die Reise beginnt. Halte dich gut fest und flüstere deinem Reisebegleiter ins Ohr, wie schnell die Reise sein soll. Vielleicht magst du ganz langsam fliegen, damit du dir alles genau anschauen kannst. Vielleicht magst du auch schnell fliegen, damit du den Sommerwind in deinem Gesicht spürst. So, wie es jetzt für dich richtig ist, wird es passieren.

Heute darfst du dir aussuchen, wo du den Sommer begrüßen willst, denn er ist überall! Vielleicht magst du zu einer bunten Sommerwiese fliegen, wo duftende Blumen blühen und überall Schmetterlinge fliegen. Vielleicht magst du lieber zum Badesee fliegen und dich dort auf eine Decke legen? Vielleicht ist es dir auch zu warm in der Sonne und du magst lieber in den schattigen Zauberwald fliegen? Oder ans Meer, wo du dich in den Sand legen kannst? Wähle jetzt und flüstere der Wolke oder dem Tier ins Ohr, welchen Wunsch du hast.

Sobald du es ausgesprochen hast,

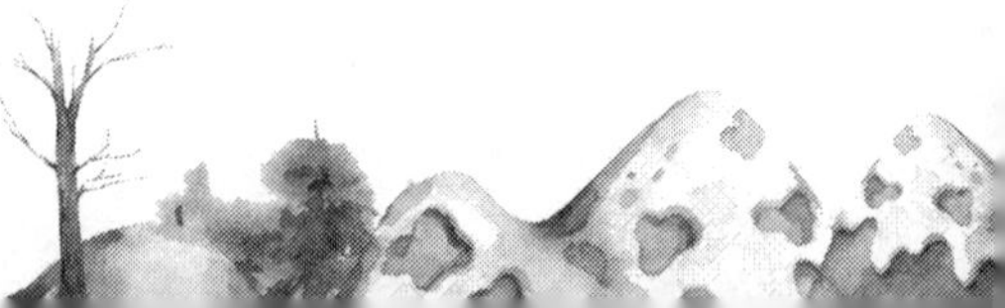

bringt es dich dorthin. Sanft landet ihr auf dem Boden, wo du es dir ganz bequem machen darfst. Gib mir ein Zeichen mit dem Finger, wenn du gut angekommen bist.

Mach es dir richtig bequem hier an deinem Lieblingsort. Wenn du sitzen magst, kannst du dich an einen Baum oder an einen Stein anlehnen. Er stützt und beschützt deinen Rücken. Wenn du liegen magst, dann lege deinen Kopf ganz bequem ab. Deine Arme und Beine sind schwer, angenehm schwer. Es tut so gut, sich auszuruhen.

Der Sommerwind streichelt deine Haut. Spüre mal, wo es sich besonders gut anfühlt. Die Sommersonne wärmt deinen Körper. Deine Arme und Beine sind warm, angenehm warm. So, dass du dich wohlfühlst hier an deinem Lieblingsplatz.

Heute will dir die Sommersonne ein Geheimnis verraten: Auch du besitzt eine Sonne, sie wohnt in deinem Bauch. Du kannst sie jetzt oder später spüren, wie sie deinen Bauch von innen wärmt. Wenn du magst, kannst du eine Hand auf deinen Bauch legen, oberhalb von deinem Bauchnabel. Nun atme tief ein und lass deinen Atem zu dieser Hand hinfließen. Bald spürst du die wohlige Wärme unter deiner Hand.

Wenn du jetzt mit deinen inneren Augen in deinen Bauch hineinschaust, kannst du deine innere Sonne vielleicht schon leuchten sehen. Mit jedem Atemzug strahlt sie noch heller.

Ich verrate dir noch etwas: Deine innere Sonne strahlt immer, auch wenn es draußen mal kalt und ungemütlich ist. Man nennt sie auch Sonnengeflecht oder Solarplexus. Sie gibt dir Mut für alles, was du schaf-

fen willst. Du kannst sie nähren, wenn du deine Hand dorthin legst und deinen Atem zu deinem Bauch fließen lässt. Auch die Farbe Gelb stärkt deine innere Sonne. Immer wenn du Mut brauchst.

Nun ist es Zeit wieder aufzubrechen. Du weißt, dass du jederzeit wieder hierher zurückkommen kannst. Deine innere Sonne nimmst du natürlich mit. Du schwebst mit deinem Reisebegleiter sanft nach oben und genießt dabei ihre Wärme und ihr Licht. Das fühlt sich so gut an.

Ausklang zum Einschlafen

Nun schwebst du mit diesem wohlig warmen Gefühl ins Land der Träume hinüber. In deinen Träumen entdeckst du noch viele wunderbare Dinge. Wenn du magst, kannst du mir morgen früh davon erzählen. Gute Nacht und süße Sommersonnenträume!

Ausklang zum Aufwachen

Nun fliegt deine Wolke oder dein Zaubertier wieder mit dir zur Erde zurück. Du landest ganz langsam und sanft wieder hier bei mir. Wenn ich gleich bis drei zähle, bist du bei drei ausgeruht wie nach einem langen Schlaf. Ausgeruht, frisch und wach. Du fühlst dich richtig gut, als ob du tief geschlafen hättest. Dein Kopf ist ganz leicht und frei. Dein Gesicht ist erfrischt wie nach einem Bad im See. Bei drei öffnest du langsam die Augen, atmest tief ein und nimmst wahr, wie gut du dich fühlst.

Eins, du bist ausgeruht wie nach einem langen Schlaf.

Zwei, dein Kopf ist ganz leicht und frei, deine Augen sind klar und leuchtend wie der blaue Himmel.

Drei, du öffnest die Augen, atmest

tief ein, reckst und streckst deine Arme und Beine und nimmst wahr, wie gut du dich fühlst.

Wenn du magst, kannst du mir erzählen, an welchen Ort du dich heute gewünscht hast und wie es dort aussieht. Hast du deine innere Sonne schon sehen oder spüren können? Wenn du sie noch nicht spüren konntest, dann passiert es beim nächsten oder übernächsten Mal. Wann immer du Mut brauchst, kannst du deine Hand auf den Bauch legen und dorthin atmen. Das gibt Kraft und Vertrauen. Mit jedem Mal spürst du dein inneres Leuchten etwas mehr.

Affirmation: Meine innere Sonne leuchtet hell und warm.

Eine Sommerreise ans Meer (neue Kraft tanken, die Batterien neu auffüllen)

Einklang

Lass uns heute (wieder) auf die Reise gehen. Wenn du magst, schließe dafür deine Augen. Du weißt ja, deine Augen sehen nur das, was außen ist. Doch in deiner Fantasie gibt es so viel mehr zu sehen. Heute reist du mit einer weißen, watteweichen Sommerwolke, die schon am Himmel auf dich wartet. Schau, wie wunderschön sie leuchtet! Sie ruft deinen Namen: „Liebe(r) _________, schön, dass du da bist. Ich freue mich schon sehr auf unsere Reise.“
Nur du kennst den Zaubertrick, mit dem du deine Wolke herbeirufen kannst. Zähle einfach bis drei: 1 ... 2 ... 3 ...
Nun atmest du tief ein und ziehst die Wolke dabei ganz nah zu dir heran. Sie kommt näher und näher. Atme aus und dann noch einmal tief ein. Die Zauberwolke kommt immer näher, bis du sie anfassen kannst. Jetzt spürst du, wie wunderbar weich und kuschelig deine Wolke ist. Sie ist bereit für deine Reise. Du steigst auf und machst es dir bequem. Fliegen ist einfach wunderbar.

Zuerst fliegst du über Gärten und Wiesen mit wunderschönen Blumen. Du riechst ihren Duft, den es so nur im Sommer gibt. Du freust dich an den leuchtenden Farben und hörst das Summen der Bienen, die den süßen Nektar der Blumen sammeln. Dann erreicht ihr den Wald und du siehst schon von weitem den Baum des Lebens. Seine Äste und Zweige winken dir zu. Du erinnerst dich

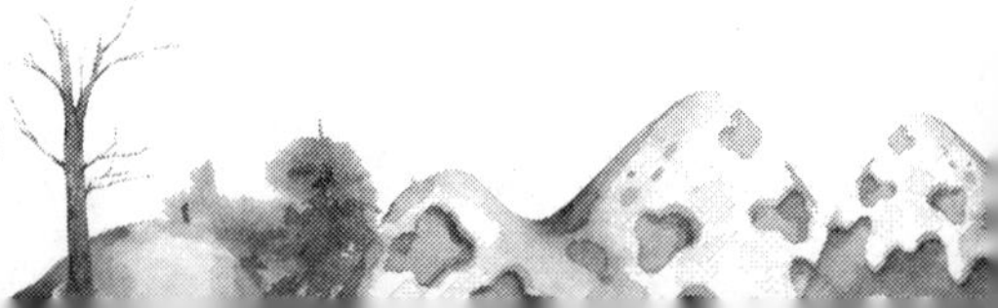

daran, wie schön es im Frühling war, als es weiße Blüten regnete. Fröhlich winkst du deinem Lebensbaum zurück. Da, wo vorher die Blüten waren, wachsen jetzt Früchte. Sie sind noch klein, hart und grün. Aber du bist schon darauf gespannt, wie sie einmal schmecken werden. Noch in diesem Sommer wirst du es herausfinden. Doch heute geht es weiter zum Meer. Du siehst es schon von weitem in der Sonne glänzen. Und vor allem hörst du es rauschen. Das Rauschen des Meeres ist ein ganz besonderer Klang. Es ist fast, als ob dich das Meer zu sich ruft. „Liebe(r) _________, schön, dass du da bist. Ich habe schon auf dich gewartet." Da gibst du der Sommerwolke ein Zeichen und sie setzt dich sogleich im Sand ab. Und weil es Sommer ist, ziehst du deine Schuhe aus. Du spürst den warmen, weichen Sand unter deinen Füßen. Wenn du magst, kannst du jetzt auch deine Kleidung ausziehen. Die Sommersonne scheint warm auf deine nackte Haut. Du riechst das Meer und du schmeckst sein Salz auf deinen Lippen.

Nun gehst du mit deinen Füßen ins Wasser hinein. Du bist überrascht, wie angenehm warm das Wasser ist. Das macht richtig Lust zum Baden. Du kannst so tief hineingehen, wie es heute für dich richtig ist.

Wenn du Lust hast, kannst du sogar untertauchen. Du brauchst dir nur ein Tier vorzustellen, welches im Meer schwimmen kann. Vielleicht einen Fisch oder einen Delfin. Vielleicht einen Wal oder ein Seepferdchen. Heute kannst du alles sein, was du sein möchtest. Sobald dein Kopf das Wasser berührt, verwandelst du dich in

dein Wunschtier. Du spürst das warme, weiche Wasser auf deiner Haut. Es fühlt sich wie ein Streicheln an oder wie eine sanfte Massage. Jede Welle, die kommt, erfrischt dich herrlich. Es ist, als ob deine Batterien neu aufgeladen werden. Mit jeder Welle ein bisschen mehr. Du spürst, wie die Kraft des Meeres in dich hineinfließt, mit jeder Welle mehr und mehr. Mit jeder Welle tiefer und tiefer. Das fühlt sich so gut an.

Du kannst so lange im Wasser bleiben, wie du es möchtest. Wenn du genug geschwommen und getaucht bist, gib mir einfach ein Zeichen. Gib mir ein Zeichen mit dem Finger, wenn deine Batterien ganz aufgeladen sind.

Nun kommst du langsam wieder an die Oberfläche. Sobald dein Kopf herausschaut, verwandelst du dich in dich selbst zurück. Die Sonne trocknet deine Haut mit ihren warmen Strahlen. Vielleicht kannst du jetzt schon spüren, wie viel Kraft dir das Meer gegeben hat.

Deine Sommerwolke wartet schon auf dich. Auch sie hat sich am Meer erholt. Nun sieht sie noch viel strahlender aus, genau wie du.

Ausklang zum Einschlafen

Sanft schwebst du mit deiner watteweichen Sommerwolke ins Land der Träume hinüber. In deinen Träumen entdeckst du noch viele wunderbare Dinge. Wenn du magst, kannst du mir morgen früh davon erzählen.

Gute Nacht und süße Sommerträume!

Ausklang zum Aufwachen

Nun fliegt deine watteweiche Sommerwolke wieder mit dir zur Erde zurück.

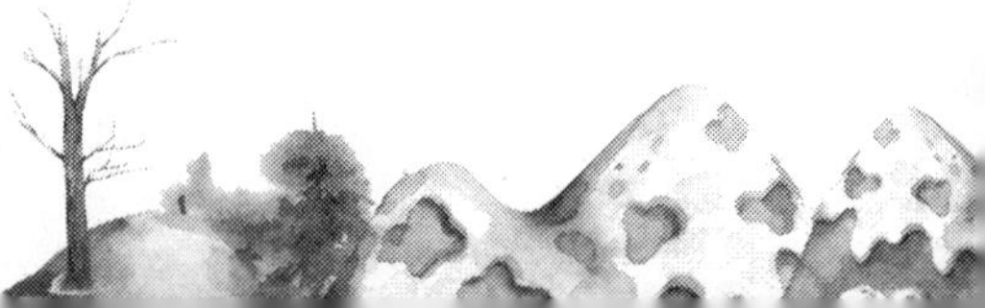

Sie setzt dich ganz langsam und sanft wieder hier bei mir ab. Wenn ich gleich bis drei zähle, bist du bei drei ausgeruht wie nach einem langen Schlaf. Ausgeruht, frisch und wach. Du fühlst dich richtig gut, als ob du tief geschlafen hättest. Dein Kopf ist ganz leicht und frei. Dein Gesicht ist erfrischt wie nach einem Bad im Meer. Bei drei öffnest du langsam die Augen, atmest tief ein und nimmst wahr, wie gut du dich fühlst.
Eins, du bist ausgeruht wie nach einem langen Schlaf.
Zwei, dein Kopf ist ganz leicht und frei, deine Augen sind klar und leuchtend wie der blaue Himmel.
Drei, du öffnest die Augen, atmest tief ein, reckst und streckst deine Arme und Beine und nimmst wahr, wie gut du dich fühlst.

Ich bin gespannt, wie es am Meer gewesen ist. Wie hat sich das Wasser angefühlt? In welches Tier hast du dich verwandelt? Hast du die Kraft des Meeres gespürt?
Auch deine Atemzüge sind wie die Wellen des Meeres. Jeder neue Atemzug bringt neue Energie. Und beim Ausatmen lässt du die alte, verbrauchte Luft wieder heraus.

Affirmation: Jede neue Welle (jeder neue Atemzug) bringt mir frische Kraft.

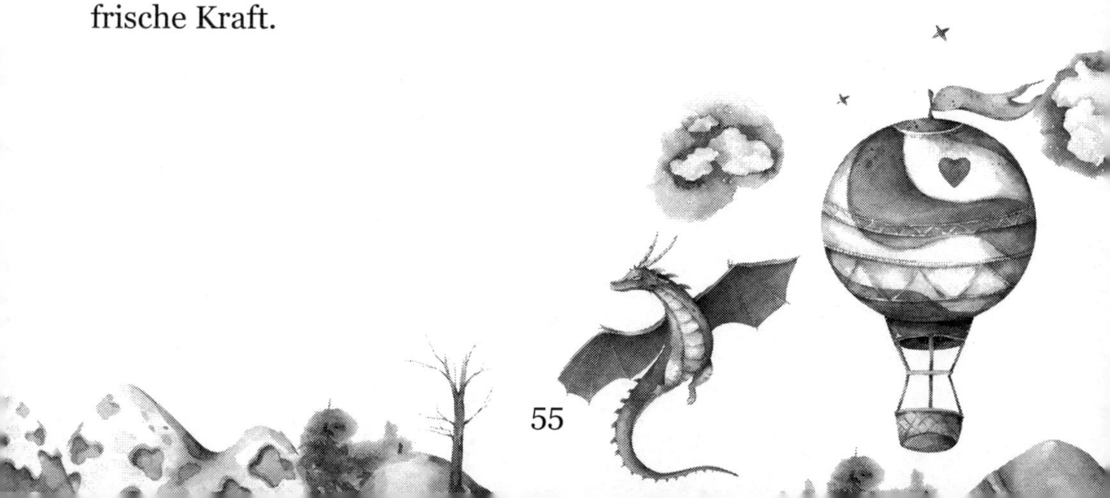

Auf den Schwingen des großen Adlers (Schmerzen oder Sorgen loslassen, die heilsame Kraft des Wassers spüren)

Einklang

Heute erwartet dich eine ganz besondere Reise. Eine Reise mit dem König der Lüfte. Eine Reise auf kraftvollen Schwingen. Weißt du schon, welchen Vogel dir der Sommer heute schickt? Genau, einen Adler. Schon von weitem kannst du seinen Adlerschrei hören. Es ist, als ob er deinen Namen ruft.
Nun landet er vor deinen Füßen und du bewunderst das schöne und stolze Tier. Der Adler nickt dir zu, jetzt darfst du ihn berühren. Sein Federkleid fühlt sich irgendwie magisch an. Du hast Glück, denn heute darfst du mit dem Adler in die Lüfte fliegen. Niemand kann einen Adler zwingen, ihn zu tragen. Der freie Adler entscheidet selbst, wen er mitnehmen möchte. Und er hat sehr gut ausgewählt.

Heute lädt er dich ein, auf seinen Rücken zu steigen und dich gut festzuhalten. Dafür brauchst du etwas Mut, aber es wird sich auf jeden Fall lohnen. Noch einmal ertönt sein stolzer Schrei, dann steigt ihr gemeinsam in die Lüfte auf. Höher und immer höher. Die Häuser und Autos sehen von hier oben wie Spielzeuge aus. Der Wind bläst dir ins Gesicht und nichts kann euch aufhalten. Wenn du magst, kannst du sogar deine Arme ausbreiten und den Wind darunter spüren. Das ist so, als ob du selbst Flügel hättest. Fliegen ist wunderbar und mit einem Adler zu fliegen, ist einfach großartig.

Heute geht die Reise weit, weit weg, zu einem hohen Berg. Du kannst den Berg schon von weitem sehen.

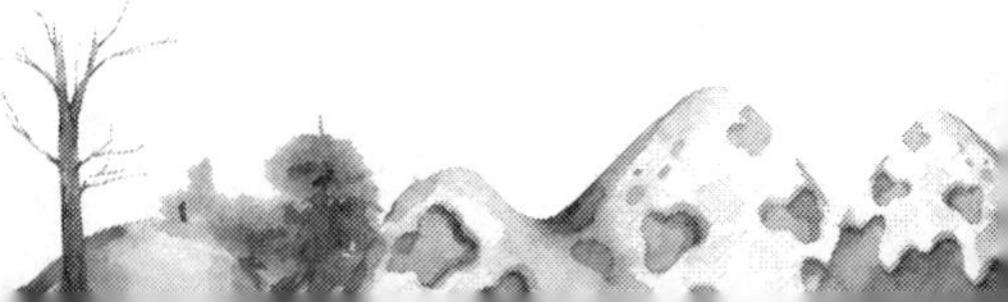

Oben stehen große Bäume, die sehen so ähnlich aus wie dein Lebensbaum, nur dass sie schon viele tausend Jahre alt sind. Auf so einem Baum setzt dich der Adler ab. Du sitzt auf einem starken Ast, inmitten von grünen Blättern. Wie gut die Blätter riechen! Du hörst das Rauschen des Windes und den zarten Gesang von Vögeln. Der Baum schaukelt dich sanft hin und her und auf eine seltsame Weise fühlst du dich hier zu Hause. Hier auf diesem uralten Baum, der so gut duftet.

Da hörst du noch ein anderes Rauschen. Nein, das ist nicht der Sommerwind. Aber es hört sich sehr verlockend an. Weil du herausfinden willst, woher das Rauschen kommt, kletterst du vom Baum herab. Du kletterst tiefer und tiefer, bis du unten im weichen Gras angekommen bist.

Jetzt stehst du ganz still, weil du herausfinden willst, aus welcher Richtung das Rauschen kommt. Sobald du es weißt, gehst du los. Der Adler sitzt noch auf dem Baum. Er gibt dir ein Zeichen, dass er auf dich warten will.

Hier unten ist der Wald ganz schön dicht. Manchmal musst du über umgefallene Baumstämme klettern. Manchmal kriechst du unter ihnen durch. Manchmal balancierst du auf so einem Stamm. Das macht riesigen Spaß und das geheimnisvolle Rauschen kommt immer näher.

Da kannst du schon etwas Blaues durch die Bäume sehen. Es funkelt und glitzert im Sonnenlicht. Und das Rauschen ist jetzt schon so laut, dass du die Vögel nicht mehr hörst.

Du schaust nach oben und siehst

einen wundervollen Wasserfall. Klares, sauberes Wasser kommt von oben über einen Fels gesprudelt. Die Sonne spiegelt sich darin. Dort, wo das Wasser in feinen Tropfen spritzt, gibt es sogar einen Regenbogen. So einen wunderschönen Wasserfall hast du noch nie gesehen.
Da bekommst du Lust, unter dem Wasserfall zu duschen und das klare Wasser auf deiner Haut zu spüren. Wenn du magst, kannst du jetzt deine Kleidung ausziehen, denn es ist angenehm warm hier.
Vorsichtig hältst du einen Fuß unter das Wasser und da spürst du, dass es sehr angenehm ist, gerade so wie du es am liebsten hast. Wenn du magst, kannst du dich ganz drunterstellen.
Du atmest tief ein und spürst das Strömen des Wassers auf deinem Körper. Es massiert und streichelt dich, das fühlt sich so gut an.
Aber das Wasser des Wasserfalles kann noch viel mehr, denn es hat Zauberkräfte. Es spült alles weg, was dir gerade Sorgen oder Schmerzen macht. Sch...
Dein Körper beginnt, angenehm zu strömen oder zu prickeln. Du spürst, wie die Zauberkraft des Wasserfalls auf dich überfließt. Du spürst, wie sie dich stark und stärker macht. Es ist, als ob sich deine Batterie neu auflädt, mehr und mehr. Spüre in deinen Körper hinein, wo du die Zauberkraft am besten fühlen kannst.
Das Zauberwasser berührt nicht nur deine Haut. Es fließt wie blaues Licht auch durch deinen Körper hindurch. Es spült alles Dunkle aus deinem Körper heraus. Heilendes, blaues Zauberlicht fließt durch deinen Körper und nimmt alle Sorgen oder Schmerzen mit. Sie fließen einfach mit dem Wasser davon.
Das Zauberwasser fließt besonders

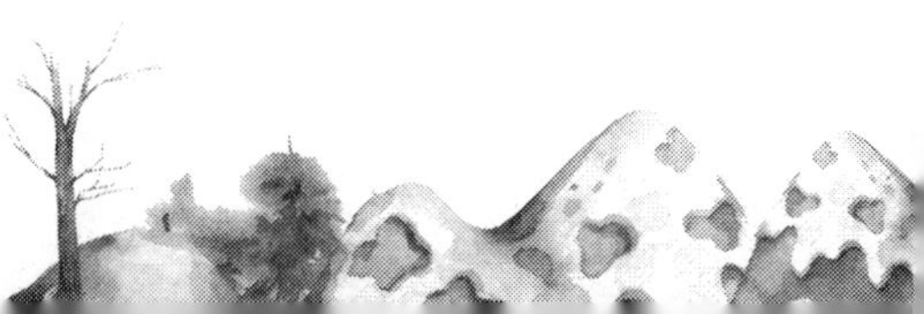

dorthin, wo dein Körper Hilfe braucht. Du kannst spüren, wie gut es dir tut. Genieße die Berührung des Wassers, solange wie du es brauchst. Gib mir einfach ein Zeichen mit dem Finger, wenn du genug bekommen hast.
Nun ist es Zeit, wieder zu gehen. Der Adler wartet auf dich. Du bedankst dich bei dem Wasserfall für seine Zauberkraft. Vielleicht kannst du jetzt schon spüren, wie sich etwas in deinem Körper verändert hat. Vielleicht fühlt sich dein Körper jetzt etwas leichter an ... oder stärker ... oder aufrechter.
Mit diesem wunderbaren Gefühl steigst du erneut auf den Rücken des Adlers. Jetzt kannst du den Flug auf seinen starken Schwingen noch mehr genießen. Die Wärme der Sonne, das Streicheln des Windes und den tollen Ausblick von hier oben.

Ausklang zum Einschlafen

Mit diesem wunderbaren Gefühl schwebst du ins Land der Träume hinüber. In deinen Träumen entdeckst du, wie stark du jetzt bist und vielleicht sogar, dass du Zauberkräfte hast. Wenn du magst, kannst du mir morgen früh davon erzählen. Gute Nacht und süße Sommerträume!

Ausklang zum Aufwachen

Nun fliegt der König der Lüfte wieder mit dir zur Erde zurück. Er setzt dich ganz langsam und sanft wieder hier bei mir ab. Wenn ich gleich bis drei zähle, bist du bei drei ausgeruht wie nach einem langen Schlaf.

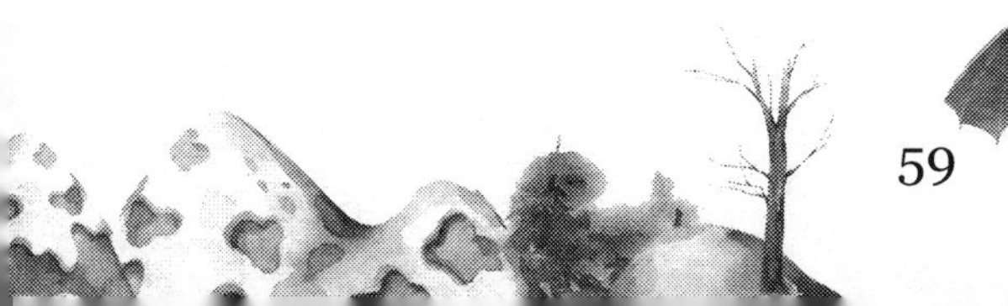

Ausgeruht, frisch und wach. Du fühlst dich richtig gut, so als ob du tief geschlafen hättest. Dein Kopf ist ganz leicht und frei. Dein Gesicht ist erfrischt wie von einem Bad unter dem Wasserfall. Bei drei öffnest du langsam die Augen, atmest tief ein und nimmst wahr, wie gut du dich fühlst.

Eins, du bist ausgeruht wie nach einem langen Schlaf.
Zwei, dein Kopf ist ganz leicht und frei, deine Augen sind klar und leuchtend wie der blaue Himmel.
Drei, du öffnest die Augen, atmest tief ein, reckst und streckst deine Arme und Beine und nimmst wahr, wie gut du dich fühlst.

Ich bin gespannt, wie es war, auf dem König der Lüfte zu reisen. Wie hat sich das Zauberwasser angefühlt? Wo in deinem Körper hast du es am besten gespürt? Hast du schon eine Veränderung in deinem Körper bemerkt?

Affirmation: Alles Alte fließt mit dem Wasser davon. Ich tanke neue Kraft.

Unter dem Sternenzelt (Verbundenheit spüren und Selbstvertrauen erleben)

Einklang

Hast du schon einmal im Sommer in den Sternenhimmel geschaut? Lass uns das heute mal ausprobieren. Sei gespannt darauf, welcher Zauber dabei passiert. Stell dir vor, du breitest eine weiche Decke auf dem Boden aus und legst dich darauf. Du spürst, dass die Erde von einem wunderbaren Sommertag noch ganz warm ist. Die Erde ist wie eine liebevolle Großmutter zu dir. Sie trägt dich, hält dich warm und beschützt dich.

Es ist eine milde Sommernacht. Ein warmer Wind streicht über deinen Körper. Der Sommerwind ist wie ein gutmütiger Großvater. Er passt auf dich auf, er gibt dir Mut und neue Kraft.
Du schaust nach oben in den Nachthimmel. Er wölbt sich über dich wie ein rundes Dach. Tausende Sterne blinken wie Edelsteine. Du schaust nach oben und da kommt es dir so vor, als winken die Sterne dir zu und sie rufen deinen Namen: „Liebe(r) __________, komm zu uns in den Sommerhimmel."
Du atmest tief ein und wieder aus und mit jedem Ausatmen wirst du leichter und leichter. Irgendwann merkst du, dass dein Körper über dem Boden schwebt. Das fühlt sich so leicht an, wie ein Lächeln. Du musst gar nichts tun, allein durch dein Ein- und Ausatmen schwebst du immer höher und höher, mitten in den Sternenhimmel hinein.
Jetzt kannst du es ganz genau hören, die Sterne rufen dir zu:

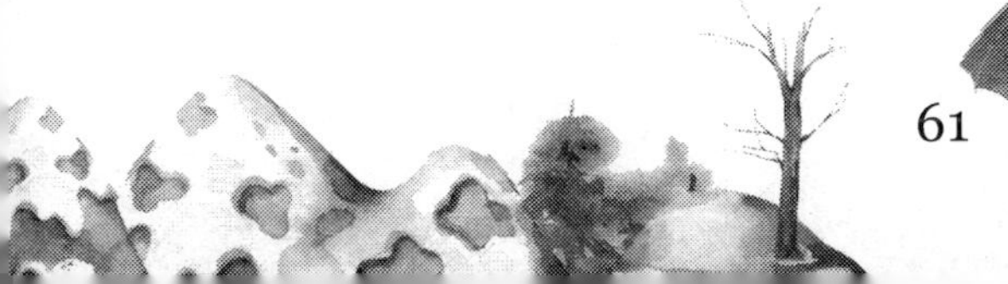

„Liebe(r) __________, schön dass du hier bist! Willkommen im Sternenzelt. Wir freuen uns so sehr über deinen Besuch.“

Da siehst du, dass alle Sterne miteinander verbunden sind. Sie bilden ein Netz aus hellem Licht. Jeder Stern leuchtet so gut er kann. Wenn ein Stern einmal krank oder traurig ist und darum nicht so hell leuchten kann, dann geben ihm die anderen Sterne von ihrem Leuchten ab. So lange, bis der Stern wieder seine eigene Kraft spüren kann. Das ist wunderschön.

Jetzt nehmen dich die Sterne in ihre Mitte. Heute darfst du ein Teil des Sternennetzes sein und mit ihnen leuchten. Das geht ganz einfach, so wie das Schweben. Du atmest ein und nimmst dabei das Leuchten der Sterne in dich auf. Es fühlt sich angenehm warm und hell an. Du darfst dir so viel Licht nehmen, wie du brauchst. Sternenlicht wird niemals alle. Spüre, wie das Licht in deinen Körper fließt. Spüre, wie es dir Freude und Kraft schenkt. Das alles gehört dir. Fühle in deinen Körper hinein, wo du das Licht am stärksten spüren kannst.

Da bemerkst du, dass du nun selbst leuchtest, genauso hell wie die anderen Sterne. Jetzt kannst auch du Licht zu den anderen Sternen schicken. Das ist ganz leicht, atme einfach aus und sende das Licht auf seine Reise. Schau, wie die anderen Sterne sich über dein Licht freuen. Fühle, wie wundervoll du leuchtest. Spüre, wie gut ihr miteinander verbunden seid.

Da verraten dir die anderen Sterne ein Geheimnis: „Wir sind immer für dich da, auch wenn du uns mal nicht sehen kannst. Sogar am Tage, wenn die Sonne scheint. Du gehörst zu uns, für immer. Wenn du mal Hilfe

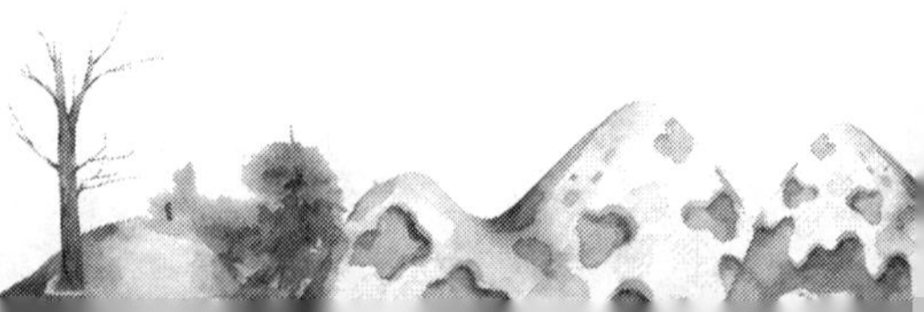

brauchst, dann helfen wir dir mit unserem Licht. Und auch du kannst helfen, wenn mal einer von uns dunkel wird. Das ist so ein schönes Gefühl, miteinander verbunden zu sein."

Ausklang zum Einschlafen

Mit diesem wunderbaren Gefühl im Bauch schwebst du ins Land der Träume hinüber. Das Leuchten der anderen Sterne begleitet dich. In deinen Träumen entdeckst du noch viele wundervolle Dinge. Wenn du magst, kannst du mir morgen früh davon erzählen. Gute Nacht und sternenhelle Träume!

Ausklang zum Aufwachen

Nun atmest du tief ein und wieder aus. Du spürst, wie du mit jedem Ausatmen zurück zur Erde schwebst, bis du sicher hier unten gelandet bist.
Wenn ich gleich bis drei zähle, bist du bei drei ausgeruht wie nach einem langen Schlaf. Ausgeruht, frisch und wach. Du fühlst dich richtig gut, so als ob du tief geschlafen hättest. Dein Kopf ist ganz leicht und frei. Dein Gesicht ist erfrischt wie nach einem Bad im See. Bei drei öffnest du langsam die Augen, atmest tief ein und nimmst wahr, wie gut du dich fühlst.
Eins, du bist ausgeruht wie nach einem langen Schlaf.
Zwei, dein Kopf ist ganz leicht und frei, deine Augen sind klar und leuchtend wie der Sternenhimmel.
Drei, du öffnest die Augen, atmest tief ein, reckst und streckst deine Arme und Beine und nimmst wahr, wie gut du dich fühlst.

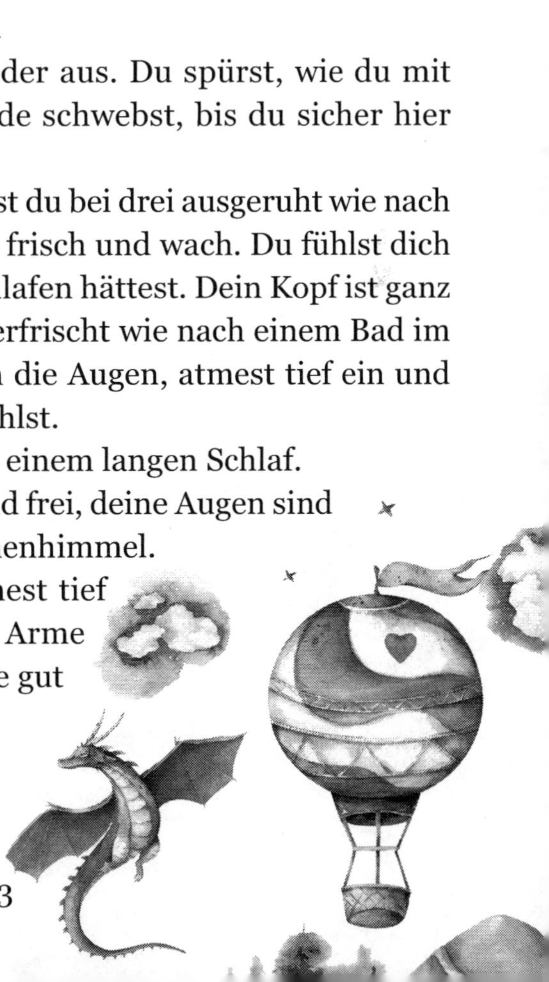

Es ist wunderschön, in so einem Sternennetz mit den anderen verbunden zu sein. Wie hat es sich angefühlt, so viel Licht geschenkt zu bekommen? Und wie hat es sich angefühlt, das eigene Licht immer heller leuchten zu lassen?
Die Menschen, die dich lieben sind wie Sterne. Auch wenn du sie nicht immer sehen kannst, sind sie doch immer für dich da.

Affirmation: Ich bin verbunden und beschützt.

Regentanz im Zauberwald (die Kraft der Natur und die eigene Kraft entdecken)

Einklang

Heute ist deine Sommerwolke schon ganz aufgeregt, denn sie möchte dir zeigen, dass auch sie zaubern kann. Schau nach oben, da kommt sie schon angeflogen und ruft deinen Namen: „Liebe(r) _________, schön, dass du da bist." Irgendwie sieht sie heute ein bisschen anders aus als beim letzten Mal, etwas dicker und auch etwas dunkler. Ob das von ihrer Zauberkraft kommt? Du probierst, ob der alte Zaubertrick noch funktioniert. Dafür zählst du bis drei: 1 ... 2 ... 3 ...
Nun atmest du tief ein und ziehst die Wolke dabei ganz nah zu dir heran. Super, es klappt. Sie kommt näher und näher. Atme noch einmal tief ein. Die Zauberwolke kommt immer näher, bis du sie anfassen kannst. Auch wenn sie heute etwas anders ausschaut, fühlt sie sich immer noch weich und kuschelig an. Du steigst auf und machst es dir bequem. Fliegen ist einfach wunderbar.

Heute nimmt deine Sommerwolke dich mit zum Zauberwald. Du siehst ihn schon von weitem in einem wunderschönem Dunkelgrün leuchten. Auf einer Lichtung steht der Baum des Lebens. Er winkt dir zu und ruft: „Liebe(r) _________, schön, dass du da bist. Komm bald wieder vorbei! Ich habe ein Geschenk für dich." Und weil du den Lebensbaum gern hast und natürlich auch Geschenke magst, versprichst du ihm, ihn ganz bald zu besuchen. Heute fliegt deine Wolke noch etwas weiter und da bemerkst

du, dass sie noch ein bisschen größer und dunkler geworden ist. Du staunst und bist schon ganz gespannt, was sie dir heute zeigen will.

Schon seid ihr über dem Zauberwald. Da hörst du eine seltsame Musik. Sie klingt fast wie dein Herzschlag. Oder eher wie viele Herzen, die miteinander tanzen. Du kannst sogar spüren, wie die Musik in deinem Bauch vibriert. Das kitzelt ein bisschen und fühlt sich sehr lebendig an. Du schaust nach unten, um herauszufinden, woher diese lebendige Musik stammt. Auf einer Lichtung siehst du bunte Punkte umhertanzen. Du gibst deiner Wolke ein Zeichen und sie fliegt näher heran. Da erkennst du ein fröhliches Gewimmel von Menschen, Tieren und Zauberwesen. Manche haben eine große Trommel in der Hand. Sie trommeln, tanzen und singen dabei ein Lied, welches du noch nicht kennst. Und doch kommt es dir irgendwie bekannt vor. Unter ihnen entdeckst du den Sommer. Du erkennst ihn an seinem herzlichen Lachen.

Auch der Sommer hat dich schon gesehen und winkt dir fröhlich zu: „Liebe(r) __________, gut, dass du da bist. Wir können deine Hilfe gut gebrauchen." Du bittest die Wolke, dich beim Sommer abzusetzen. Das tut sie auch, aber dann fliegt sie gleich wieder nach oben. Als du ihr nachschaust, staunst du, wie groß und dunkel sie geworden ist. Fast schon ein bisschen bedrohlich.

Der Sommer kommt sogleich auf dich zu. Er hat ein Geschenk für dich. Vielleicht kennst du es schon. Es ist ein langes, buntes Rohr, da sind viele Nägel hineingeschlagen. Innen befinden sich Reiskörner und wenn du das Rohr umdrehst, dann kannst du ein Rauschen hören.

„Das ist ein Regenmacher", erklärt der Sommer. „Damit rufen wir

den Regen herbei, den wir gerade dringend brauchen. Ich war bis jetzt heiß und trocken, wie es sich für einen richtigen Sommer gehört. Aber jetzt bin ich durstig. Das rauschende Bächlein ist nur noch ein kleines Rinnsal. Die Tiere und die Pflanzen brauchen Wasser. Und der Wald hat Angst, dass es ein Feuer geben könnte. Seine Bäume sind so trocken, dass sie beim kleinsten Funken schon brennen würden. Das darf nicht passieren.
Du schaust den Sommer an und fragst, wie du helfen kannst. Das ist ganz einfach, du brauchst nur mit uns zu tanzen. Lass dabei den Regenmacher rauschen und denke ganz fest an den Regen. Wenn wir das alle gemeinsam tun, ist der Zauber bald vollbracht."
Nichts einfacher als das, denn tanzen kannst du gut. Du spürst deine Füße und sogar die Wurzeln an deinen Fußsohlen. Du hörst den Rhythmus der Trommeln und fängst an, dich zu bewegen, zuerst ganz vorsichtig, dann immer freier und wilder. Das Tempo bestimmst du selbst. Manche tanzen langsam und wiegen sich sanft hin und her. Andere tanzen schneller, drehen sich im Kreis oder hüpfen fröhlich auf und ab. Dein ganz eigener Tanz sieht wunderschön aus, und was noch wichtiger ist, er fühlt sich richtig gut an.
Du denkst dabei fest an den Regen und lässt den Regenmacher rauschen. Auf einmal tropft dir etwas auf die Nase. Nanu, du schaust nach oben. Genau über dir kannst du deine Sommerwolke sehen. Aber wie anders sieht sie jetzt aus: groß und schwer und dunkel. Zuerst kommen einzelne große Tropfen heraus, dann ein wunderbarer Sommerregen.

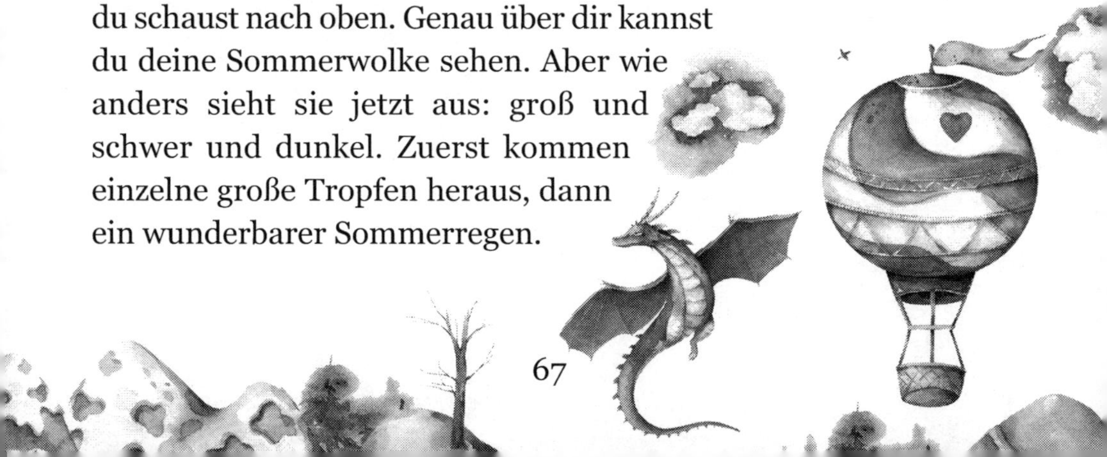

Alle heben die Hände und begrüßen den Regen mit lautem Jubeln. Manche singen auch ein Regenlied. Du tanzt mit den anderen im Regen. Er ist angenehm warm, fast wie eine Dusche. Du bist so stolz auf deine Sommerwolke, dass sie den Pflanzen und Tieren zu trinken gibt. Sie beschützt mit ihrem Regen den Wald vor Bränden, sie beschützt auch deinen Baum des Lebens.

Es tut so gut, im warmen Sommerregen zu tanzen. Du drehst dich, bis die letzten Tropfen fallen. Jetzt schaust du nach oben. Nanu, die Sommerwolke ist jetzt winzig klein geworden und mit den letzten Tropfen verschwindet sie ganz. Das macht dich etwas traurig. „Keine Angst“, sagt der Sommer, „deine Wolke ist nicht verschwunden. Sie hat sich nur in Regen verwandelt. Und aus dem Wasser wird sie auch wieder neu geboren.“ Der Sommer hebt die Hände, da erscheint die Sonne am Himmel. Ihre warmen Strahlen trocknen deine nasse Kleidung und auch deine Tränen. Aber sie können noch viel mehr: Als sie auf eine Pfütze scheinen, steigt daraus ein kleines, weißes Wölkchen hervor. Es steigt höher und höher, wird größer und größer und auf einmal winkt es dir zu. Deine Sommerwolke ist neu geboren.

Erleichtert winkst du zurück. Nun könnt ihr gemeinsam nach Hause reisen. Du umarmst zum Abschied den Sommer. Er duftet angenehm nach Blumen und Heu. Dann steigst du auf deine neugeborene Wolke, die sanft mit dir in den Himmel hinaufschwebt. Fliegen ist einfach wunderbar.

Ausklang zum Einschlafen

Mit dem wunderbaren Duft des Sommers in der Nase schwebst du

ins Land der Träume hinüber. In deinen Träumen entdeckst du noch viele wunderbare Dinge. Wenn du magst, kannst du mir morgen früh davon erzählen. Gute Nacht und sternenhelle Träume!

Ausklang zum Aufwachen

Genau über mir beginnt deine Sommerwolke sanft herabzusinken, bis du wieder hier unten gelandet bist.
Wenn ich gleich bis drei zähle, bist du bei drei ausgeruht wie nach einem langen Schlaf. Ausgeruht, frisch und wach. Du fühlst dich richtig gut, so als ob du tief geschlafen hättest. Dein Kopf ist ganz leicht und frei. Dein Gesicht ist erfrischt wie nach einem Sommerregen. Bei drei öffnest du langsam die Augen, atmest tief ein und nimmst wahr, wie gut du dich fühlst.
Eins, du bist ausgeruht wie nach einem langen Schlaf.
Zwei, dein Kopf ist ganz leicht und frei, deine Augen sind klar und leuchtend wie der Himmel nach einem Regenguss.
Drei, du öffnest die Augen, atmest tief ein, reckst und streckst deine Arme und Beine und nimmst wahr, wie gut du dich fühlst.

Ich bin neugierig, wie es war, im Regen zu tanzen. Wie haben sich die Trommeln angehört? Welche Wesen hast du dort getroffen beim Regentanz? Wie hat sich der Sommerregen angefühlt? Und wie hat der Regenmacher geklungen?
Vielleicht hast du Lust, gemeinsam mit mir einen Regenmacher zu bauen und zu bemalen.

Affirmation: Ich entdecke meine Zauberkraft.

Die Früchte des Lebensbaumes (die Kraft der Natur nutzen, um die eigene Kraft zu entdecken)

Einklang

Bevor der Sommer ganz zu Ende geht, willst du endlich den Baum des Lebens besuchen. Auch die Sommerwolke möchte gerne mit, weil sie neugierig ist. Sie möchte schauen, wie sich der Baum durch euren Regenzauber verändert hat. Schau, da kommt sie schon angeflogen und ruft deinen Namen: „Liebe(r) _________, schön, dass du da bist. Lass uns gemeinsam zum Baum des Lebens fliegen. Er wartet bestimmt schon auf uns. Und er hat ein Geschenk für dich."

Du kennst den Zaubertrick: 1 ... 2 ... 3 ...

Du atmest tief ein und ziehst die Wolke dabei ganz nah zu dir heran. Die Zauberwolke kommt immer näher, bis du sie anfassen kannst. Du steigst auf und machst es dir auf der watteweichen Wolke ganz bequem. Fliegen ist einfach wunderbar.

Du staunst, wie wunderschön die Welt von hier oben aussieht. Der Regen hat alles blitzeblank gewaschen. Die Dächer der Häuser leuchten in kräftigen Farben! Die Blumen auf der Wiese tragen ihr schönstes Kleid. Und der Wald erst! Der Regen hat den Staub von den Blättern gewaschen, nun glänzen sie in ihrem schönsten Grün. Alle winken dir und deiner Wolke freundlich zu, um sich für den Regen zu bedanken. Das habt ihr richtig gut gemacht.

Schon von weitem kannst du den Baum des Lebens sehen. Auch er sieht noch prächtiger

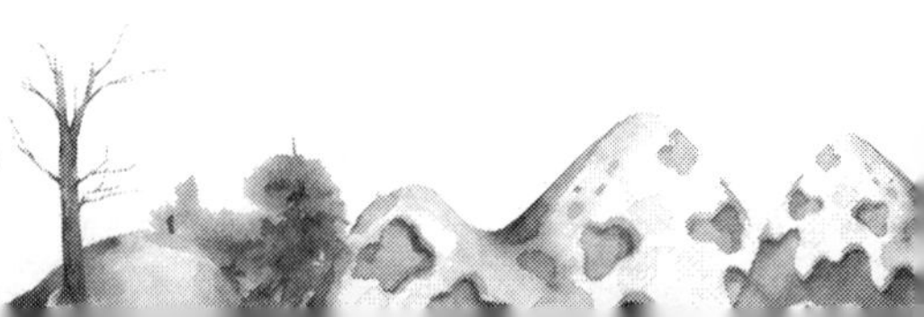

aus als sonst. Seine Krone ist ein Stück gewachsen und seine Blätter strahlen dich an. Aber da ist noch etwas anders …
Jetzt kannst du es sehen. An seinen Zweigen sind Früchte gewachsen, die glänzen in der Sonne. Schon von weitem winkt er euch zu.
„Liebe(r) _________ und liebe Zauberwolke – schön, dass ihr mich besucht. Ich bin euch so dankbar für den Regen.“ Der Baum des Lebens verneigt sich vor euch.
„Ich war so durstig, der Regen hat mich mit allem versorgt, was ich brauche. So konnten meine Früchte noch ein ganzes Stück wachsen. Schaut nur, wie prall sie geworden sind. Die Sonne hat sie reifen lassen. Ich bin so glücklich über dieses Geschenk. Und daher möchte ich euch auch etwas schenken.“
Doch zuerst denke einmal nach, welches dein größter Wunsch ist. Lass dir ganz viel Zeit dafür, denn so ein Wunsch will gut überlegt sein. Wenn du weißt, was du dir am meisten von allem wünschst, dann gib mir ein Zeichen mit dem Finger.
Gut. Nun darfst du dir eine Zauberfrucht aussuchen. Die Wolke ebenso. Schau ganz genau hin, welche Frucht dir am besten gefällt. Vielleicht gibt sie dir auch ein Zeichen. Oder sie flüstert dir etwas zu. Vielleicht erkennst du sie an ihrem Duft. Oder an etwas anderem, das weißt nur du allein.
Wenn jeder von euch beiden seine Zauberfrucht gefunden hat, dann dürft ihr sie euch abpflücken. Denke dabei ganz fest an deinen Wunsch. Deine Zauberfrucht wird dir helfen, dass dein größter Wunsch in Erfüllung geht. Sie wird dir alles geben, was du

dafür brauchst. Vielleicht brauchst du dafür Mut, deine Zauberfrucht gibt ihn dir. Vielleicht brauchst du dafür einen Menschen, der dir hilft. Deine Zauberfrucht sucht ihn dir. Vielleicht brauchst du dafür ganz viel Kraft. Deine Zauberfrucht gibt sie dir. Vielleicht brauchst du etwas anderes, auch hier wird dir deine Zauberfrucht helfen, einen Weg zu finden.

Du hältst sie an deine Nase und genießt diesen wunderbaren Duft. Wenn du magst, kannst du jetzt hineinbeißen und ihren einzigartigen Geschmack genießen. Vielleicht kannst du jetzt schon spüren, wie ihre Kraft in dich hineinfließt.

Deine Sommerwolke hat ihre Zauberfrucht schon fast aufgefuttert und schmatzt dabei genüsslich. Du kannst sehen, wie sie beginnt zu leuchten, heller und heller. Was sie sich wohl gewünscht hat? Sie zwinkert dir zu. Steig auf, ich verrate dir mein Geheimnis auf dem Rückweg. Du umarmst den Baum des Lebens zum Abschied. Das tut so gut. Es ist, als ob seine Kraft ein wenig auf dich übergeht. Du nimmst dir vor, öfter einen Baum zu umarmen.

Nun ist es Zeit zurückzufliegen. Auf dem Heimweg flüstert dir deine Wolke ihren geheimen Wunsch ins Ohr. Und auch du verrätst ihr deinen Wunsch. Fröhlich geht die Reise heimwärts. Fliegen ist einfach wunderbar.

Ausklang zum Einschlafen

Mit dem wunderbaren Duft deiner Zauberfrucht in der Nase schwebst du ins Land der Träume hinüber. In deinen Träumen entdeckst du noch viele wunderbare Dinge. Wenn du magst, kannst du mir morgen früh davon erzäh-

len. Gute Nacht und süße Sommerträume!

Ausklang zum Aufwachen

Sanft schwebst du zur Erde zurück, bis du wieder hier bei mir gelandet bist.
Wenn ich gleich bis drei zähle, bist du bei drei ausgeruht wie nach einem langen Schlaf. Ausgeruht, frisch und wach. Du fühlst dich richtig gut, so als ob du tief geschlafen hättest. Dein Kopf ist ganz leicht und frei. Dein Gesicht ist erfrischt wie von einem Sommerregen. Bei drei öffnest du langsam die Augen, atmest tief ein und nimmst wahr, wie gut du dich fühlst.
Eins, du bist ausgeruht wie nach einem langen Schlaf.
Zwei, dein Kopf ist ganz leicht und frei, deine Augen sind klar und leuchtend wie der Himmel nach einem Regenguss.
Drei, du öffnest die Augen, atmest tief ein, reckst und streckst deine Arme und Beine und nimmst wahr, wie gut du dich fühlst.

Wie sah die Welt heute nach dem Regen aus? Und der Baum des Lebens? Welche Frucht hast du dir ausgesucht? Wie sah sie aus? Wie hat sie sich angefühlt? Wie hat sie gerochen und geschmeckt? Ich bin neugierig, was sich die Zauberwolke gewünscht hat. Und natürlich auch, was dein größter Wunsch ist. Wenn du es mir verraten möchtest.

Affirmation: Wünsche werden wahr.

Die zauberhafte Welt des bunten Herbstes

Das Geschenk der Herbstfrau (das eigene Licht leuchten lassen, sich als einzigartig erkennen)

Liebe(r) _________, wenn du magst, kannst du jetzt deine Augen schließen. Ich verrate dir ein Geheimnis: Wenn deine äußeren Augen zu sind, dann öffnen sich deine inneren Augen. Und deine inneren Augen können noch viel mehr sehen als die Augen in deinem Gesicht.
In deiner Fantasie gibt es noch viel schönere Farben und Dinge als in der äußeren Welt. Lass uns jetzt auf die Reise in den kunterbunten Herbst gehen, um etwas davon zu entdecken.

Einklang

Du schließt deine Augen, da spürst du einen Wind im Gesicht. Nein, das ist nicht mehr der warme Sommerwind. Dieser Wind ist anders. Er ist erfrischend und ein bisschen wild. Wo spürst du ihn am besten? Pustet er dir deine Wangen rot? Wirbelt er in deinen Haaren? Schiebt er dich am Rücken, um dir Schwung zu geben?
Du genießt diese kleine Erfrischung und da weißt du es: Das ist der erste Herbstwind. Er duftet nach trockenem Laub und reifen Früchten. Der Herbstwind flüstert dir etwas ins Ohr: „Ich bin zu dir gekommen, um dich auf eine Reise einzuladen: Liebe(r) _________, lass uns gemeinsam den bunten Herbst suchen!“
Wer soll dich auf diese Reise mitnehmen? Deine Zauberwolke? Viel-

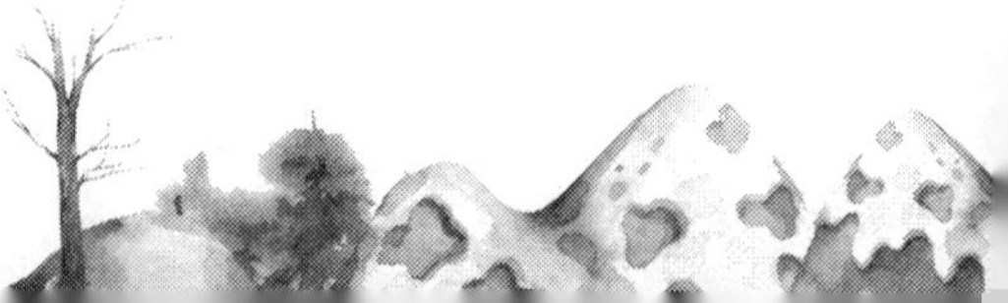

leicht sieht sie heute aus wie ein Wolkentier. Oder möchtest du auf dem Rücken eines magischen Tieres fliegen? Wähle jetzt!
Gut! Dann nimm einen tiefen Atemzug und spüre, wie die Wolke oder das Tier, welches du gewählt hast, angeflogen kommt. Sieh, wie dein Reisebegleiter immer näher kommt, bis du ihn berühren kannst. Spüre, wie er sich anfühlt. Vielleicht ganz weich oder warm oder ganz anders. Das kannst nur du wissen, denn nur du darfst ihn berühren.
Wenn du magst, kannst du jetzt aufsteigen und die Reise beginnt. Halte dich gut fest und flüstere deinem Reisebegleiter ins Ohr, wie schnell die Reise sein soll. Vielleicht magst du ganz langsam fliegen, damit du dir alles genau anschauen kannst. Vielleicht magst du auch schnell fliegen, dann gibt euch der Herbstwind Schwung. So, wie du es heute gerne magst, wird es passieren.

Zuerst fliegt ihr über Wiesen und Felder. Du riechst den Geruch von getrocknetem Gras und Stroh. Doch auch Blumen sind noch da, sie leuchten in kräftigem Rot und Gelb. Das macht gute Laune. Du freust dich an den leuchtenden Farben und hörst in der Ferne das Brummen der Mähdrescher. Sie ernten das goldene Getreide. Dann erreicht ihr den Wald und du siehst schon von weitem den Baum des Lebens. Seine Äste und Zweige winken dir zu.
Du erinnerst dich daran, wie schön es im Sommer war, als du deine Zauberfrucht gepflückt hast. Du erinnerst dich an die Zauberkraft, die diese Frucht dir geschenkt hat. Und an deinen Wunsch. Vielleicht ist er schon

in Erfüllung gegangen. Vielleicht erfüllt er sich bald. Fröhlich winkst du deinem Lebensbaum zurück. Inzwischen sind alle Früchte abgeerntet. Wer wohl noch von ihrer Zauberkraft gekostet hat?
Nun geht es weiter. Irgendwie kommt dir die Gegend bekannt vor. Hier warst du auch schon einmal im Frühling und im Sommer, erinnerst du dich? Als du die Lichtung mit dem großen Feuer entdeckst, erkennst du den Platz. Hier hast du zum ersten Mal die Jahreszeiten getroffen.
Heute sitzt nur eine Gestalt am Feuer, eine wunderschöne Frau. Vor ihr steht ein großer, prall gefüllter Korb. Du erkennst die Herbstfrau an ihrer bunten Kleidung und vor allem an ihren knallroten Haaren. Hatte sie dir nicht ein Geschenk versprochen, wenn du zur rechten Zeit wiederkommst?
Du gibst deinem Reisebegleiter ein Zeichen und er landet mit dir in der Nähe des Feuers. Die Herbstfrau empfängt dich mit offenen Armen. „Liebe(r) _________, schön, dass du da bist. Du kommst genau zur richtigen Zeit. Ich habe eine Überraschung für dich!"
„Komm, setz dich zu mir ans Feuer!" Du setzt dich neben die Herbstfrau und schaust in die Flammen des Lagerfeuers. Du erinnerst dich daran, wie du hier mit dem Sommer gesessen und das Feuer gefüttert hast. Wenn dir gerade etwas einfällt, was du heute loswerden möchtest, kannst du es gleich ins Feuer geben. Gib mir ein Zeichen, wenn du damit fertig bist.

Die Herbstfrau hat gewartet, bis alles Alte verbrannt ist. Neben ihrem Korb steht eine Laterne. Diese glänzt in deiner Lieblingsfarbe. Die Herbstfrau nimmt einen dünnen Zweig und entzündet ihn am Feuer. Mit dieser Flamme zündet sie das Licht in der Laterne an. Jetzt,

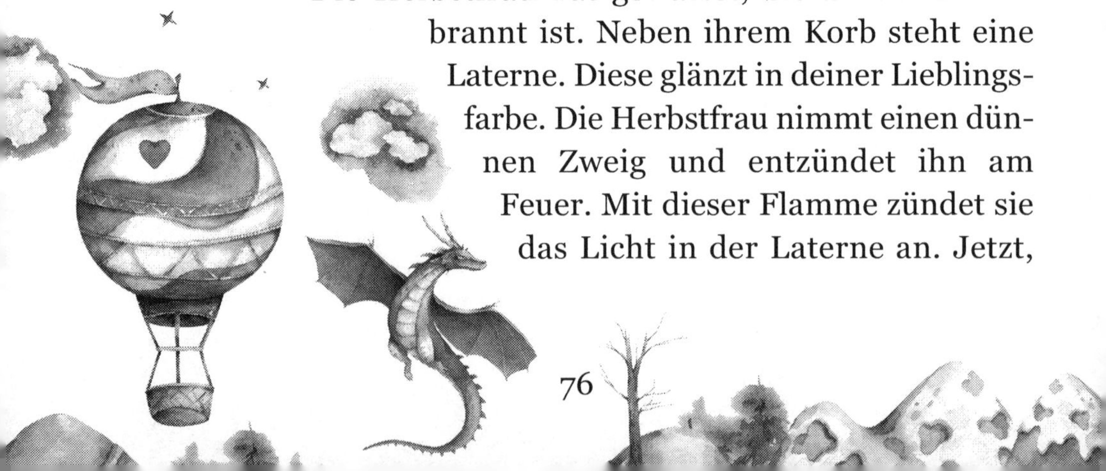

wo sie aufleuchtet, sieht sie noch viel schöner aus. Das Licht der Laterne ist warm und da spürst du, dass auch dein Herz ganz warm wird.

Diese Laterne ist das Geschenk des Herbstes. Ihre Farben und ihr Licht sollen dich immer an dein eigenes Licht erinnern. Denn auch in dir gibt es so ein einzigartiges Licht. Es strahlt besonders schön, wenn dir etwas Freude macht. Man kann es in deinen Augen sehen oder sogar in deinem ganzen Gesicht. Es strahlt besonders hell, wenn du lachst oder weinst oder wütend bist. Es strahlt besonders warm, wenn du einem anderen Menschen hilfst.

Behüte das Licht der Herbstlaterne gut, genauso wie dein eigenes Licht. Und wenn es einmal auszugehen droht, dann komm zurück ans Feuer. Egal, welche Jahreszeit du hier finden wirst. Ein jeder von ihnen wird dir helfen, dein Licht am Feuer wieder anzuzünden.

Du schaust auf das Licht der Laterne und spürst das wundervolle Licht tief in dir. Du bist wunderschön. Einfach weil du bist wie du bist.

Ausklang zum Einschlafen

Du rufst deinen Reisebegleiter heran und zeigst ihm dein wunderschönes Licht. Dann steigst du vorsichtig auf und schwebst mit einem warmen Gefühl im Herzen ins Land der Träume hinüber. In deinen Träumen entdeckst du noch viele wunderbare Dinge. Wenn du magst, kannst du mir morgen früh davon erzählen. Gute Nacht und leuchtend bunte Herbstträume!

Ausklang zum Aufwachen

Nun fliegt deine Wolke oder dein Zaubertier wieder mit dir zur Erde zurück. Es setzt dich ganz langsam und sanft wieder hier bei mir ab. Wenn ich gleich bis drei zähle, bist du bei drei ausgeruht wie nach einem langen Schlaf. Ausgeruht, frisch und wach. Du fühlst dich richtig gut, als ob du tief geschlafen hättest. Dein Kopf ist ganz leicht und frei. Dein Gesicht ist erfrischt wie von einem Herbstwind. Bei drei öffnest du langsam die Augen, atmest tief ein und nimmst wahr, wie gut du dich fühlst.

Eins, du bist ausgeruht wie nach einem langen Schlaf.

Zwei, dein Kopf ist ganz leicht und frei, deine Augen sind klar und leuchtend wie der blaue Himmel.

Drei, du öffnest die Augen, atmest tief ein, reckst und streckst deine Arme und Beine und nimmst wahr, wie gut du dich fühlst.

Ich bin gespannt, wie deine erste Reise in den Herbst verlaufen ist? Mit wem bist du gereist? Was hast du gesehen? Was hast du gehört? Wonach hat es gerochen? Gab es etwas, was du im Feuer verbrannt hast? Wie sieht die Herbstfrau aus? Und welche Farbe hatte deine Laterne heute? Wo in deinem Körper kannst du spüren, dass dein inneres Licht leuchtet?

Affirmation: Ich lasse mein Licht hell leuchten.

Herbstreise zu deinem Krafttier (dem Krafttier begegnen und seinen Schutz spüren)

Einklang

Heute schickt dir der Herbstwind eine besondere Reisewolke. Schau, da kommt sie schon angeflogen. Schau genau hin, vielleicht sieht sie aus wie ein Tier. Vielleicht ein Tier, das du schon kennst. Vielleicht ein Tier, das du sehr magst. Schau hin, sie ruft deinen Namen: „Liebe(r) ________, schön, dass du da bist. Lass uns gemeinsam zu einem besonderen Ort fliegen. Dort wartet jemand ganz besonderes auf dich.“

Die Herbstwolke ist etwas dunkler als die Sommerwolke. Wahrscheinlich weißt du schon, warum – sie trägt Regen in ihrem Bauch. Du probierst den alten Zaubertrick: 1 ... 2 ... 3...

Du atmest tief ein und ziehst die Wolke dabei ganz nah zu dir heran. Sie kommt immer näher, bis du sie anfassen kannst. Du staunst, wie wunderbar sich so eine Regenwolke anfühlt. Ganz anders als du gedacht hast. Nun steigst du auf und machst es dir ganz bequem. Fliegen ist einfach wunderbar.

Gemeinsam fliegt ihr über den Zauberwald. Er sieht jetzt anders aus. Viel bunter als im Sommer. Die Herbstfrau hat die Blätter der Bäume angemalt. Wo ist sie nur? Da unten steht ihr Korb, also kann sie nicht weit weg sein. Du bittest deine Wolke, dich beim Korb abzusetzen.

Du schaust in den Korb der Herbstfrau, darin liegen viele Früchte des Waldes: Eicheln, Kastanien, Hagebutten, Bucheckern und noch andere, die du nicht kennst. Und schon steht

auch die Frau mit den knallroten Haaren und dem freundlichen Lächeln neben dir. Du darfst dir etwas aus dem Korb nehmen. Wähle gut, denn diese Frucht wird dich an einen besonderen Ort bringen. Du wählst eine Frucht, welche wunderbar duftet und sich toll in deiner Hand anfühlt. „Lass sie rollen“, sagt die Herbstfrau, „und folge ihr. Sie bringt dich zu deinem Wunder.“ Das lässt du dir nicht zweimal sagen, du wirfst die Frucht auf den Weg und schon rollt sie los. Sie rollt langsam genug, sodass du ihr gut folgen kannst. Dabei gehst du durch trockenes Laub. Wie schön das raschelt und wie gut das duftet!

An einem wunderschönen Ort bleibt die Frucht auf einmal still liegen. Schau dich in Ruhe um, wie herrlich es hier ist. Du siehst lauter Dinge, die du gerne magst.

Such dir einen guten Platz, vielleicht hier in der Herbstsonne. Da liegt auch schon ein Kissen für dich, wo du es dir ganz bequem machen kannst. Nun spüre die Stille, Wunder passieren oft, wenn es ganz still ist.

Da hörst du ein Geräusch, zuerst ganz leise, dann ein bisschen lauter. Ein Tier kommt aus der Ferne auf dich zu. Vielleicht kommt es gelaufen. Vielleicht auch geflogen. Oder sogar geschwommen. Das kannst nur du sehen, denn dieses Tier ist dein Krafttier.

Schau genau hin, wie dein Krafttier aussieht. Welche Farben es hat und wie groß es ist. Wie es sich bewegt und was es für liebe Augen hat. Jetzt schaut es dich an. Du spürst, dass es dich sehr mag. „Liebe(r) __________, schön, dass du hier bist, ich habe schon lange auf dich gewartet.“

Jetzt kommt dein Krafttier ganz

nah an dich heran, so nah, dass du es berühren kannst. Wie gut es sich anfühlt! Du spürst, dass es dich von heute an beschützt. Immer. Egal wo du auch bist.

Nun berührt dich dein Krafttier an der Stirn. Du spürst, dass ihr von jetzt an zusammen gehört. Ihr beide freut euch so sehr, dass ihr euch gefunden habt. Vor Freude liegt ihr euch in den Armen. Oder ihr tobt eine Weile miteinander herum. Dann schmiegt ihr euch zusammen, ganz eng wie gute Freunde das tun. Nun seid ihr verbunden. Ihr könnt gemeinsam spielen, wenn ihr Lust darauf habt. Dein Krafttier ist ein guter Zuhörer, wenn du mal Sorgen hast. Es behält alle Geheimnisse für sich, die du ihm anvertraust. Und es gibt dir Kraft, wann immer du Kraft brauchst.

Nun brauchst du nur noch ein Zeichen, mit dem du dein Krafttier herbeirufen kannst, wenn du es mal brauchst. Denke dir dieses Zeichen jetzt aus. Du kannst zum Beispiel eine Hand auf dein Herz legen. Oder du bildest mit Zeigefinger und Daumen einen Ring. Oder du denkst dir etwas anderes aus. Mache es jetzt, damit du es dir gut merken kannst.

Genau, mit diesem Zeichen rufst du dein Krafttier herbei. Du kannst es immer dann rufen, wenn du Sehnsucht nach ihm hast. Und besonders, wenn du Hilfe brauchst. Vielleicht kannst du es nicht immer sehen, aber du spürst seinen Schutz.

Jetzt ist es Zeit, sich zu verabschieden. Es ist so schön, dass ihr euch gefunden habt. Du kannst jederzeit hierher kommen, um es zu besuchen. Oder du rufst dein Krafttier zu dir. Mit dem geheimen Zeichen.

Ausklang zum Einschlafen

Da kommt auch schon deine Herbstwolke angeflogen. Mit einem warmen Gefühl im Bauch steigst du auf, um ins Land der Träume hinüber zu schweben. Dabei übst du noch einmal das geheime Zeichen, damit du es nicht vergisst. In deinen Träumen entdeckst du noch viele wunderbare Dinge. Vielleicht wartet dort schon dein Krafttier auf dich, um mit dir ein Abenteuer zu erleben. Wenn du magst, kannst du mir morgen früh davon erzählen. Gute Nacht und kunterbunte Träume!

Ausklang zum Aufwachen

Nun fliegt deine Herbstwolke wieder mit dir zur Erde zurück. Sie setzt dich ganz langsam und sanft wieder hier bei mir ab.
Wenn ich gleich bis drei zähle, bist du bei drei ausgeruht wie nach einem langen Schlaf. Ausgeruht, frisch und wach. Du fühlst dich richtig gut, so als ob du tief geschlafen hättest. Dein Kopf ist ganz leicht und frei. Dein Gesicht ist erfrischt wie von einem frischen Herbstwind. Bei drei öffnest du langsam die Augen, atmest tief ein und nimmst wahr, wie gut du dich fühlst.
Eins, du bist ausgeruht wie nach einem langen Schlaf.
Zwei, dein Kopf ist ganz leicht und frei, deine Augen sind klar und leuchtend wie der Himmel nach einem Regenguss.
Drei, du öffnest die Augen, atmest tief ein, reckst und streckst deine Arme und Beine und nimmst wahr, wie gut du dich fühlst.

Ich bin schon gespannt, welches dein Krafttier ist. Wie sieht es aus? Und wie fühlt es sich an? Was habt ihr gemeinsam gemacht? Magst du noch

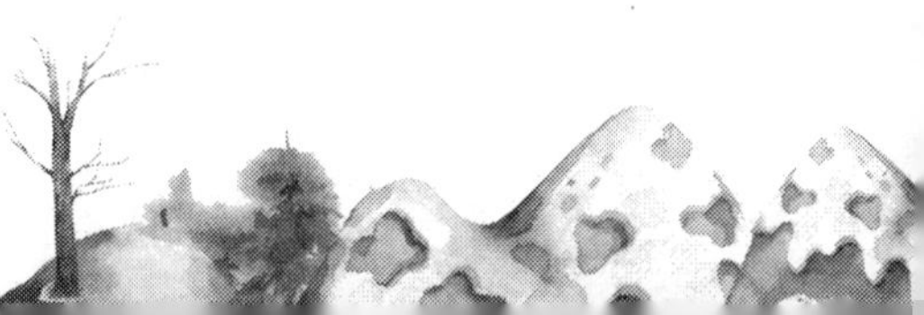

einmal das geheime Zeichen üben, damit du es dir gut merkst?

Affirmation: Mein Krafttier beschützt mich.

Das Zauberfarben des Herbstes (die positive Wirkung der Farben auf den Körper erleben)

Einklang

Wer soll dich heute mit auf eine Reise durch den kunterbunten Herbst nehmen? Der König der Lüfte? Oder möchtest du auf dem Rücken eines magischen Tieres fliegen? Wähle jetzt!
Gut! Dann nimm einen tiefen Atemzug und spüre, wie die das Tier, welches du gewählt hast, angeflogen kommt. Sieh, wie es immer näher kommt, bis du es berühren kannst. Spüre, wie es sich anfühlt. Vielleicht ganz weich oder warm oder ganz anders. Das kannst nur du wissen, denn nur du darfst es berühren.
Wenn du magst, kannst du jetzt aufsteigen und die Reise beginnt. Halte dich gut fest und flüstere deinem Reisebegleiter ins Ohr, wie schnell die Reise sein soll. Vielleicht magst du ganz langsam fliegen, damit du dir alles genau anschauen kannst. Vielleicht magst du auch schnell fliegen, dann gibt euch der Herbstwind Schwung. Genauso, wie du es heute gerne magst, wird es passieren.

Erinnerst du dich an den magischen Platz im Wald, wo du die Jahreszeiten getroffen hast? Dort soll die Reise hingehen. Du erkennst die Lichtung schon von weitem. Aber heute sitzen nicht die vier Jahreszeiten am Feuer. Auch nicht die Herbstfrau, wie du es vielleicht erwartet hast. Heute kannst du hier zwölf Gestalten finden. Das sind die Monate des Jahres. Schau nur, wie unterschiedlich sie alle sind.

Eine fröhliche Gestalt mit goldenen Haaren kommt auf dich zu, um dich zu begrüßen. „Liebe(r) __________,

schön, dass du hier bist! Du bist genau zum richtigen Zeitpunkt hergekommen. Ich habe eine Überraschung für dich! Mein Name ist Oktober. Ich trage die bunten Kleider des Herbstes.“ Auch sie besitzt einen Zauberstab, wie du ihn schon beim April gesehen hast. Nur ist dieser Zauberstab viel, viel bunter.
„Lass uns gemeinsam zum kunterbunten Zauberwald fliegen. Dort darfst du meinen Zauberstab einmal ausprobieren. Da, wo es viele Farben gibt, ist seine Zauberkraft am stärksten.“
Das lässt du dir nicht zweimal sagen, schon fliegt ihr zusammen los. Es dauert gar nicht lange, und ihr seid am Zauberwald angekommen. Du schaust nach unten und staunst, wie fleißig die Herbstfrau in den letzten Tagen gemalt hat. Die Bäume sind noch viel bunter als beim letzten Mal. Die Gestalt mit den goldenen Haaren nickt. „Ja, hier ist ein guter Platz, um zu zaubern.“
Sanft landest du im Herbstlaub. Es duftet wunderbar und raschelt, wenn du dich bewegst. Die hübsche Gestalt mit den goldenen Haaren richtet ihren Zauberstab nach oben. Und schon schaut die Sonne aus den Wolken heraus. Alles bekommt einen goldenen Glanz. Du genießt die warmen Strahlen der Oktobersonne in deinem Gesicht. Das fühlt sich so gut an.
Jetzt bist du an der Reihe. Du erinnerst dich, wie schön es war, mit dem April zu zaubern. Sein Zauberstab hatte eine weiße Spitze für die Kälte und eine grüne Spitze für die Wärme. Nun hältst du den bunten Zauberstab des Oktobers in der Hand und fragst dich, was dieser wohl alles kann.
Die Gestalt mit den goldenen

Haaren lächelt geheimnisvoll: „Suche dir 7 Farben aus, eine nach der anderen. Wenn du mit meinem Zauberstab auf diese Farben zeigst, geht ihre Kraft auf dich über. Probiere es einfach aus.“
Da fällt ein leuchtend rotes Blatt vor deine Füße. Du richtest den Zauberstab auf das knallrote Blatt und atmest tief ein. Du spürst, wie die Kraft der roten Farbe in dich hineinfließt. Sie fließt vor allem dorthin, wo du sie am meisten brauchst. Du spürst deine Wurzeln an deinen Fußsohlen. Wie gut sie dich am Boden halten. Nichts kann dich umwerfen. Du bist in Sicherheit.

Jetzt richtest du den Zauberstab auf ein oranges Blatt und atmest tief ein. Du spürst wie die Wärme der orangen Farbe in dich hineinfließt und dich von innen wärmt. Die orange Wärme fließt besonders dorthin, wo du gerade Wärme brauchst. Das fühlt sich wunderbar an.

Nun richtest du den Zauberstab auf ein knallgelbes Blatt und atmest tief ein. Du spürst, wie die gelbe Farbe in dich hineinfließt. Du fühlst, wie sie dich fröhlich macht. Du erinnerst dich an die Sonne in deinem Bauch und schon strahlt sie ein wenig heller.

Da siehst du ein Blatt, das sieht noch ganz grün aus, so wie die Blätter des Sommers. Du richtest den Zauberstab darauf und atmest tief ein. Du spürst, wie die grüne Farbe in dich hineinfließt und dich beruhigt. Sie fließt besonders dorthin, wo du gerade Ruhe brauchst. Dein Herz schlägt ruhig und gleichmäßig.

Nun richtest du den Zauberstab auf den hellblauen Himmel über dir. Du atmest tief ein und spürst die hellblaue Farbe wie einen angenehm kühlen Herbstwind. Er erfrischt dich wie ein Bad im See. Das kühle

Blau fließt besonders dorthin, wo du es gerade am meisten brauchst. Vielleicht zu deinem Hals oder an eine andere Stelle.
Am Himmel zieht eine dunkelblaue Regenwolke. Du richtest den Zauberstab darauf und atmest tief ein. Das Dunkelblau fühlt sich frisch und sauber an, wie ein frisch überzogenes Bett oder ein klarer Regen. Du spürst, wie das Dunkelblau besonders dorthin fließt, wo du es am meisten brauchst. Vielleicht zu deinen Augen oder an eine andere Stelle.
Jetzt bemerkst du, dass du unter einem Pflaumenbaum stehst und eine reife Frucht fällt direkt vor deine Füße. Du richtest den Zauberstab darauf und atmest tief ein. Du spürst, wie die violette Farbe sich wie ein schützender Mantel um deine Schultern legt. Du genießt diesen Schutz und erinnerst dich an deine Zauberkraft. Wie stark und schön du bist.
Schau dich zum Schluss noch einmal genau um. Wähle eine Farbe, die dir besonders gutgetan hat. Oder eine Farbe, die du gerne mal ausprobieren möchtest. Oder deine Lieblingsfarbe. Richte den Zauberstab darauf und lass dich überraschen, welche Wirkung diese Farbe hat. Genieße das gute Gefühl so lange wie du magst. Gib mir einfach ein Zeichen mit dem Finger, wenn du fertig bist. Spüre in deinen Körper hinein, was jetzt anders ist als vorher. Vielleicht fühlt er sich jetzt leichter an ... oder schwerer ... vielleicht stärker ... oder wärmer ... Vielleicht spürst du ein Vibrieren oder ein Kribbeln oder irgendetwas anderes. Das alles sind Zeichen dafür, dass deine eigene Zauberkraft nun gewachsen ist.

Voller Dank für das wunderschöne Erlebnis gibst du der Gestalt mit den goldenen Haaren ihren Zauberstab zurück. Sie nickt dir freundlich zu. „Komm gerne zurück hierher, wenn du mal wieder die Kraft der Farben spüren willst. Und vergiss nicht, das alles ist auch in dir. In deiner Fantasie findest du alle Farben, die du brauchst."

Ausklang zum Einschlafen

Du rufst deinen Reisebegleiter heran und steigst vorsichtig auf. Du genießt das wunderbare Gefühl in deinem Körper und schwebst so ins Land der Träume hinüber. In deinen Träumen entdeckst du noch viele wunderbare Dinge. Wenn du magst, kannst du mir morgen früh davon erzählen. Gute Nacht und kunterbunte Herbstträume!

Ausklang zum Aufwachen

Nun fliegt deine Wolke oder dein Zaubertier wieder mit dir zur Erde zurück. Es setzt dich ganz langsam und sanft wieder hier bei mir ab. Wenn ich gleich bis drei zähle, bist du bei drei ausgeruht wie nach einem langen Schlaf. Ausgeruht, frisch und wach. Du fühlst dich richtig gut, als ob du tief geschlafen hättest. Dein Kopf ist ganz leicht und frei. Dein Gesicht ist erfrischt wie von einem frischen Wind. Bei drei öffnest du langsam die Augen, atmest tief ein und nimmst wahr, wie gut du dich fühlst.

Eins, du bist ausgeruht wie nach einem langen Schlaf.

Zwei, dein Kopf ist ganz leicht und frei, deine Augen sind klar und leuchtend wie der blaue Himmel.

Drei, du öffnest die Augen, atmest

tief ein, reckst und streckst deine Arme und Beine und nimmst wahr, wie gut du dich fühlst.

Ich bin gespannt, wie es war, mit dem Zauberstab des Oktobers zu zaubern. Welche Farbe hat dir besonders gutgetan? Wo in deinem Körper hast du sie besonders gut gespürt? Welche Farben haben dich gestärkt? Willst du davon mehr in deinem Kinderzimmer haben?

Affirmation: Meine Lieblingsfarbe gibt mir Kraft. Ich bin in Sicherheit.

Das kleine Weizenkorn erzählt (eine Traumreise als Rückenmassage erleben, die Körperwahrnehmung und den Selbstheilungsnerv stärken)

Einklang

Heute kannst du eine ganz besondere Fantasiereise erleben, eine Reise, die mit den Fingern auf deinem Rücken gespielt wird. Das kleine Weizenkorn erzählt davon, wie es zu Getreide heranwächst, geerntet wird und schließlich ein leckeres Brot daraus gebacken wird. Das alles passiert auf deinem Rücken. Sage mir vorher, ob du lieber feste oder sanfte Berührungen magst. Alles ist möglich, nur deine Wirbelsäule verträgt keinen festen Druck.
Wenn du magst, kannst du dich jetzt auf den Bauch legen, damit dein Rücken frei liegt. Mit oder ohne Shirt, ganz wie du es magst. Und schon geht es los.

Die Geschichte des kleinen Korns beginnt im Frühling, denn da wird es mit vielen anderen Körnern auf dem Acker ausgesät (*mit den Fingerspitzen über den ganzen Rücken tippen*).
Dann werden die Körner mit Erde bedeckt (*mit flachen Händen über den Rücken streichen*).
Erinnerst du dich an die Geburt des ersten Schneeglöckchens im Frühling? So ähnlich geht es den Weizenkörnchen. Ihr zarter, grüner Keim bohrt sich mit aller Kraft durch die Erde (*mit einer Fingerspitze kleine Kreise auf dem Rücken ziehen*). Wenn es das erste Körnchen geschafft hat, kommen alle anderen hinterher (*überall auf dem Rücken kleine Kreise ziehen*).

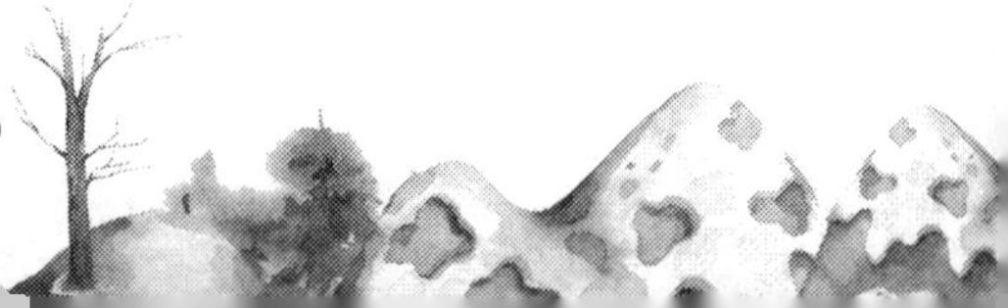

Hier draußen scheint die warme Frühlingssonne, ihre Strahlen streicheln die jungen Weizenpflanzen. Das tut so gut, dass sie gleich ein Stück nach oben wachsen (*mit allen Fingerspitzen über den Rücken streichen*).
Vom Wachsen bekommen die kleinen Weizenpflanzen großen Durst. Zum Glück gibt es ab und zu einen kräftigen Regen (*mit allen Fingerspitzen abwechselnd über den ganzen Rücken tippen*).
Der Regen wird immer stärker. Gib mir ein Zeichen, wenn er stark genug ist (*das Fingertippen verstärken*). Alle Pflänzchen trinken sich über ihre Wurzeln richtig satt und wachsen noch ein ganzes Stück.
Im Sommer passiert dann etwas Besonderes. Die kleine Weizenpflanze bekommt eine Ähre und darin liegen nebeneinander viele Körnchen, wie Kinder in einer Wiege. Noch sind die Körner klein und grün. Aber das soll sich bald ändern. Dafür muss es noch ein paar Mal regnen (*Fingertippen*).
Und vor allem muss noch ganz oft die Sonne scheinen, so werden die Körnchen in der Ähre groß und goldgelb wie die Sonne selbst (*mit den Fingern über den Rücken streichen*).
Und das ist das Geheimnis: Im Inneren der Körner gibt es weißes Mehl, damit kann man Brot, Brötchen und Kuchen backen. Deshalb kommen jetzt im Herbst die Mähdrescher gefahren, um die reifen Körner abzuernten (*mit den Handballen den Rücken auf- und abfahren*).
Alle Körner landen gemeinsam auf einem Anhänger. Wenn der Anhänger voll ist, fährt ihn ein Traktor zur Mühle (*mit zwei Fingern verschiedene Wege auf dem Rücken fahren*).

Hier werden die Körner erst einmal gesäubert, der grobe Staub und das Stroh werden einfach weggepustet (*auf den Rücken pusten*).

Auch kleine Steine werden aussortiert. Und weil die Körner immer noch schmutzig sind, werden sie nun ordentlich geschrubbt (*mit den Fingernägeln oder einer weichen Bürste kreisförmige Bewegungen machen*).

Nun wird das Korn so lange von großen Walzen gemahlen, bis sich die Schale vom Mehl gelöst hat (*die Handballen auf dem Rücken auf und ab schieben*).

Das Mehl wird gesiebt und in große Säcke gefüllt (*mit den Handkanten von außen nach innen wischen*).

Nun fahren große Laster das Mehl zur Bäckerei. Weil Brot daraus werden soll, wird es mit Hefe und Wasser geknetet (*mit beiden Händen sanft kneten*).

Für den Geschmack kommt noch eine Prise Salz hinzu. Für das Rosinenbrot sogar noch Zucker, Mandeln und Rosinen ... (*sanft mit allen Fingerspitzen über den ganzen Rücken tippen*).

Nun noch einmal kräftig kneten. Gib mir ein Zeichen, wenn der Teig fertig ist (*nochmal mit beiden Händen kneten*).

Wenn der Teig fertig ist, wird er zu kleinen und großen Broten geformt (*beide Hände zueinander schieben*).

Die Brote werden im Ofen gebacken (*beide Hände flach auf den Rücken legen und mit sanftem Druck eine Weile liegen lassen*).

Nun sind sie fertig, damit sie nicht verbrennen, ziehe ich sie lieber mal heraus (*Hände ganz langsam vom Rücken wegziehen und den Rücken mit einer Decke wärmen*).

Ausklang

Bestimmt freust du dich jetzt schon auf dein nächstes Brot oder Brötchen. Nun, wo du das Geheimnis kennst und selbst erlebt hast, wie es zuerst ein Weizenkörnchen war. Vielleicht hast du auch Lust darauf, mal mit mir gemeinsam ein Brot zu backen?

Affirmation: Jedes kleine Korn ist wichtig.

Der schwarze und der weiße Wolf (gegensätzliche Gefühle wie Mut und Angst akzeptieren und als Stärke erkennen)

Einklang

Wer soll dich heute mit auf eine Reise durch den goldenen Herbst nehmen? Hast du Lust, mal wieder auf den weiten Schwingen des Adlers – dem König der Lüfte zu fliegen? Er steht für dich bereit. Oder soll dich ein anderes magisches Tier abholen, ein Phönix, ein Einhorn, ein Drache? Wähle jetzt!
Gut! Dann nimm jetzt einen tiefen Atemzug und spüre, wie das Tier, welches du gewählt hast, angeflogen kommt. Sieh, wie es immer näher kommt, bis du es berühren kannst. Spüre, wie es sich anfühlt. Vielleicht ganz glatt oder warm oder ganz anders. Das kannst nur du wissen, denn nur du darfst es berühren.
Wenn du magst, kannst du jetzt aufsteigen und die Reise beginnt. Halte dich gut fest und flüstere deinem Reisebegleiter ins Ohr, wie schnell die Reise sein soll. Vielleicht magst du ganz langsam fliegen, damit du dir alles genau anschauen kannst. Vielleicht magst du auch schnell fliegen, dann gibt euch der Herbstwind Schwung. Genauso, wie du es heute gerne magst, wird es passieren.

Zuerst fliegt ihr über ein goldenes Weizenfeld. Die Ähren bewegen sich im Wind hin und her. Es ist, als ob sie dir winken. Du erinnerst dich daran, wie sich das kleine Weizenkorn im Frühling durch die Erde gebohrt hat. Wie es durch Regen und Sonne gewachsen ist. Nun sind seine Körnerkinder in der Ähre schon reif und goldgelb wie die Sonne. Horche genau hin, dann flüstern sie dir ein Geheimnis zu.

Nun fliegst du über den bunten Zauberwald. Du erinnerst dich, wie du mit dem Zauberstab des Oktobers gezaubert hast. Wie gut dir die Farben getan haben! Weißt du noch, welche Farbe dich stark gemacht hat?

Da kommt etwas Nebel auf. Gut, dass dein Reisebegleiter sich hier auskennt. Gemeinsam fliegt ihr zu dem magischen Platz im Wald, wo du zuletzt den Oktober mit den goldenen Haaren getroffen hast. Heute sitzt eine wunderschöne Frau am Feuer. Sie hat ein durchscheinendes Kleid an und ihre Haare sind wie aus Nebel gemacht.

Die wunderschöne Nebelfrau kommt auf dich zu, um dich zu begrüßen. „Liebe(r) _________, schön, dass du hier bist! Du bist genau zum richtigen Zeitpunkt hergekommen. Ich habe eine Überraschung für dich! Mein Name ist November. Auch ich trage die bunten Kleider des Herbstes. Doch ich verberge sie unter einem dicken Mantel aus Nebel. Das macht mich stark und geheimnisvoll."

Du setzt dich zu der Nebelfrau ans Feuer. Inzwischen ist es ganz schön kühl geworden, zum Glück wärmt dich das Feuer herrlich. Wenn du an einer Körperstelle besonders viel Wärme brauchst, dann halte sie zum Feuer hin. Spüre, wie die Wärme genau dorthin fließt, wo du sie am meisten brauchst. Das fühlt sich so gut an.

Du erinnerst dich daran, wie du hier mit dem Sommer gesessen hast und deine Sorgen im Feuer verbrannt hast. Wenn dir etwas einfällt, was du heute loswerden möchtest, kannst du es gleich ins Feuer geben. Die Nebelfrau wartet geduldig, bis du fertig bist.

Da siehst du auf der anderen Seite des Feuers 2 Wölfe sitzen, einer davon ist weiß und der andere schwarz. „Keine Sorge, liebe(r) ________“, sagt die Nebelfrau. „Diese Wölfe tun dir nichts. Im Gegenteil, sie sind beide sehr wichtig für dein Leben. Der schwarze Wolf heißt Angst, er beschützt dich vor Gefahren. Zum Beispiel bewahrt er dich davor, einfach auf eine Straße zu laufen, wo du überfahren werden könntest.

Der weiße Wolf heißt Mut, er schenkt dir neue Erfahrungen. Zum Beispiel hilft er dir dabei, vor anderen Kindern zu zeigen, was du kannst.

Ich verrate dir ein Geheimnis: Diese beiden Wölfe gibt es auch in dir drin. Manchmal kämpfen sie miteinander. Das kann zum Beispiel sein, wenn du vor der Klasse ein Lied singen sollst. Der schwarze Wolf hat Angst, dass eins von den anderen Kindern lachen könnte. Der weiße Wolf möchte dir den Mut geben, es trotzdem zu probieren. Weil er weiß, dass du eine schöne Stimme hast.

Wer wird in diesem Moment wohl gewinnen? Ich verrate dir noch ein Geheimnis: Du entscheidest selbst, welcher Wolf den Kampf gewinnt. Wenn du den weißen Wolf gut fütterst, wird er stärker und damit auch dein Mut. Du musst dafür den schwarzen Wolf nicht töten. Die Angst darf auch da sein, denn sie ist ein wichtiges Gefühl. Es gibt Momente, da ist es sogar gut, den schwarzen Wolf zu füttern, damit deine Angst dich rettet. Zum Beispiel, wenn du in Gefahr bist.“

Die Nebelfrau greift in die Taschen ihres Mantels und holt zwei Hände voll Trockenfutter heraus. „Nun fragst du dich bestimmt, welchen Wolf ich heute füttere. Aber sieh,

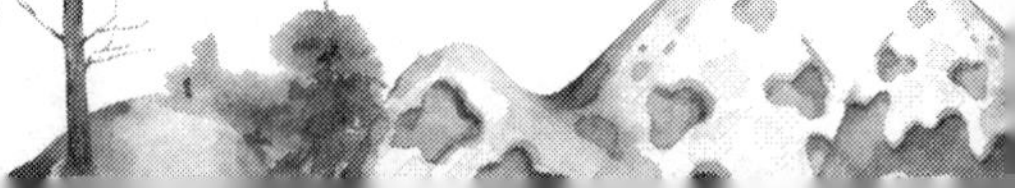

heute kämpfen sie gar nicht. Sie sitzen friedlich mit mir am Feuer. Der schwarze Wolf sorgt dafür, dass ich nicht leichtsinnig mit dem Feuer umgehe. Auf diese Weise beschützt er mich und den Wald.
Der weiße Wolf sorgt dafür, dass ich hier im Nebel mutig genug bin. Ich vertraue der Kraft meines Feuers. Ich singe und tanze, so wie es mir gefällt. Beide sind wichtig, beide bekommen Futter. Wenn du Lust hast, kannst du die Wölfe gemeinsam mit mir füttern.“
Die beiden Wölfe fressen der Nebelfrau aus der Hand und wenn du magst, tun sie es auch bei dir. Dann legen sie sich gemütlich ans Feuer. Schau, wie zufrieden sie jetzt sind.
Wenn die Wölfe satt sind, ist es Zeit zum Tanzen und zum Singen. Gemeinsam mit der Nebelfrau tanzt du um das Feuer herum. Vielleicht hast du sogar den Mut, über das Feuer zu springen. Gib dem weißen Wolf einfach noch ein wenig Trockenfutter, dann gelingt es bestimmt. Die Nebelfrau passt auf dich auf, damit dir nichts geschieht.

Ausklang zum Einschlafen

Voller Stolz rufst du deinen Reisebegleiter heran und steigst vorsichtig auf. Du genießt das warme, wohlige Gefühl in deinem Körper und schwebst so ins Land der Träume hinüber. In deinen Träumen entdeckst du noch viele wunderbare Dinge.
Wenn du magst, kannst du mir morgen früh davon erzählen. Gute Nacht und zauberhafte Herbstträume!

Ausklang zum Aufwachen

Nun fliegt dein Zaubertier wie-

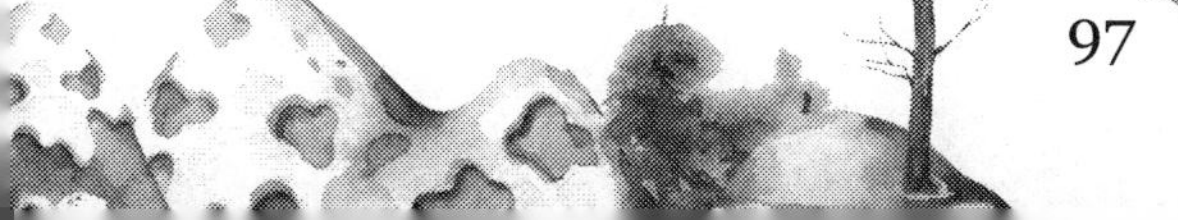

der mit dir zur Erde zurück. Es setzt dich ganz langsam und sanft wieder hier bei mir ab. Wenn ich gleich bis drei zähle, bist du bei drei ausgeruht wie nach einem langen Schlaf. Ausgeruht, frisch und wach. Du fühlst dich richtig gut, als ob du tief geschlafen hättest. Dein Kopf ist ganz leicht und frei. Dein Gesicht ist erfrischt wie von einem Herbstwind. Bei drei öffnest du langsam die Augen, atmest tief ein und nimmst wahr, wie gut du dich fühlst.

Eins, du bist ausgeruht wie nach einem langen Schlaf.

Zwei, dein Kopf ist ganz leicht und frei, deine Augen sind klar und leuchtend wie der blaue Himmel.

Drei, du öffnest die Augen, atmest tief ein, reckst und streckst deine Arme und Beine und nimmst wahr, wie gut du dich fühlst.

Mit welchem Begleiter bist du heute gereist? Welche Farben hatte der Zauberwald und welche davon magst du am meisten? Wie sah die Nebelfrau aus? Konntest du dich am Feuer wärmen? Hast du die Wölfe gefüttert? Hast du einem Wolf mehr Futter gegeben und wenn ja, warum?

Fällt dir eine Situation ein, in der schon einmal der schwarze und der weiße Wolf in dir gekämpft haben? Welcher hat in dieser Situation gewonnen? Was würdest du beim nächsten Mal anders machen? Ist es dir gelungen, unter dem Schutz der Nebelfrau über das Feuer zu springen?

Affirmation: Auch wenn ich Angst habe, gehe ich mutig voran.

Die Höhle des Bären (einen Bodyscan machen und dabei Körpergefühl und Selbstheilung aktivieren)

Einklang

Erinnerst du dich an die Reise, bei der du dein Krafttier gefunden hast? Vielleicht ist es ein Bär, vielleicht aber auch ein ganz anderes Tier. Du hast dir damals ein Zeichen ausgedacht, mit dem du dein Krafttier herbeirufen kannst.
Ich hoffe, du kennst das Zeichen noch, denn du brauchst es jetzt. Mache das Zeichen jetzt und warte, was passiert. Vielleicht ist dein Krafttier schon bei dir, vielleicht kommt es in den nächsten Minuten. Mache das Zeichen einfach so lange, bis du dein Krafttier spüren kannst.
Vielleicht kannst du es sehen, vielleicht ist es heute auch unsichtbar. Du kannst es auf jeden Fall spüren und du fühlst, wie gut es dir tut. Dein Krafttier begleitet dich heute zur Höhle des Bären. Du brauchst keine Angst zu haben, denn du stehst ja unter seinem Schutz.
Nun macht ihr euch auf den Weg. Vielleicht geht ihr nebeneinander. Vielleicht darfst du auf seinem Rücken reiten. Vielleicht fliegt ihr sogar. Egal, wofür du dich heute entscheidest, es ist genau so richtig.

Dein Weg führt am Baum des Lebens vorbei. Der sieht heute seltsam aus, denn er hat alle Blätter verloren. Trotzdem begrüßt er dich freundlich: „Liebe(r) __________, schön, dass du hier bist! Sei nicht traurig wegen der Blätter – das ist so, wenn es bald

Winter wird. Deshalb habe ich meine Kraft nicht verloren. Sie steckt in meinen tiefen Wurzeln und in meinem starken Stamm. Auch der wilde Herbstwind kann mich nicht umwerfen. Und wenn du magst, zeige ich dir ein Geheimnis. Komm ganz nah heran und schau auf meine Zweige."

Da siehst du es. An den Zweigen des Lebensbaumes gibt es viele kleine Knospen. Da sind schon die neuen Blätter für den nächsten Frühling drin. In den Knospen machen sie wohlbehütet ihren Winterschlaf. Erst die warme Frühlingsonne weckt sie wieder auf. Aber sie sind schon da, grün wie die Hoffnung. Der Baum des Lebens zwinkert dir zu und wünscht dir eine gute Reise.

Diese Reise führt dich heute tief in den Zauberwald. Die Blätter der Bäume rascheln zu deinen Füßen. Da entdeckst du eine Höhle. Wenn dein Krafttier ein Bär ist, dann ist es sein zu Hause. Wenn dein Krafttier ein anderes Tier ist, dann wartet es am Eingang auf dich, denn es möchte den Bären nicht stören.

Aber du darfst hineingehen, denn der Bär wartet schon auf dich. Er möchte dir zeigen, wie er sich im Herbst auf seinen Winterschlaf vorbereitet. Schau, wie groß und rund er geworden ist. Er hat sich eine dicke Fettschicht angefressen, damit er im Winter nicht hungern muss. Auch sein Fell ist jetzt noch dichter, damit er nicht friert. Er begrüßt dich mit einem freundlichen Brummen: „Liebe(r) _________, schön, dass du hier bist! Wenn du magst, zeige ich dir jetzt, wie mein Winterschlaf beginnt."

Mach es dir ganz bequem! Vielleicht kuschelst du dich ganz nah an den Bären heran und fühlst sein weiches, warmes Fell. Oder du legst

dich in seine Nähe, sodass du seine Wärme spüren kannst.
„Zuerst schlafen meine Füße ein“, sagt der Bär. Spüre jetzt in deine Füße hinein. Vielleicht kannst du Wärme spüren. Vielleicht werden sie ganz schwer. Vielleicht spürst du auch ein Kribbeln oder etwas Ähnliches. So beginnt ein gemütlicher Winterschlaf.

Als Nächstes sind die Beine dran. Spüre jetzt in deine Beine hinein. Was kannst du fühlen? Vielleicht fühlt sich ein Bein anders an als das andere Bein. Alles ist genau so richtig, wie es ist.

Nun schlafen das Becken und der Po ein. Spüre hinein, vielleicht kannst du eine wohlige Wärme fühlen. Vielleicht fühlen sie sich ganz schwer an, sodass du noch tiefer in deine Unterlage einsinkst.

Jetzt geht der Bauch in den Winterschlaf. Spüre in deinen Bauch hinein. Was kannst du spüren? Du kannst auch in deinen Bauch hineinatmen. Beim Einatmen hebt sich deine Bauchdecke und beim Ausatmen sinkt sie wieder nach unten. Genauso wie bei dem Bären neben dir.

Nun ist der Rücken dran. Spüre hinein, wie sich dein Rücken anfühlt, wenn er Winterschlaf macht.

Jetzt sind die Arme an der Reihe. Spüre jetzt in deine Arme und Hände hinein. Was kannst du fühlen? Vielleicht fühlt sich ein Arm anders an als der andere Arm. Vielleicht ist eine Hand wärmer oder schwerer als die andere Hand.

Alles ist genau so richtig, wie es ist.

Zum Schluss spüre in deinen Kopf hinein. Wie fühlt sich jetzt dein Kopf an, wenn dein Körper so wunderbar entspannt ist? Vielleicht

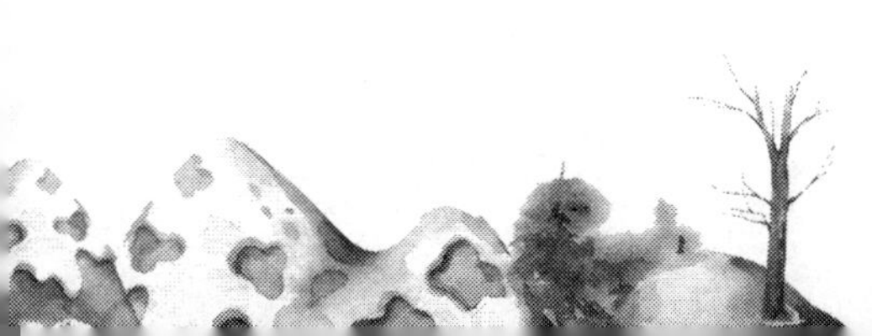

sind deine Gedanken schon schlafen gegangen.

Fühle noch einmal deinen ganzen Körper, wie er jetzt auf der Unterlage liegt. Mit jedem Atemzug wird er noch stärker, schöner und gesünder.

Da hörst du neben dir den Bären tief schnaufen. Vorsichtig schaust du hinüber und bemerkst, dass er eingeschlafen ist. Sein Winterschlaf hat begonnen.

Da du ihn nicht stören willst, gehst du ganz langsam, Schritt für Schritt aus der Höhle heraus. Draußen wartet schon dein Krafttier und ihr begebt euch auf den Heimweg.

Ausklang zum Einschlafen

Du genießt das angenehme Gefühl in deinem Körper und schwebst so gemeinsam mit deinem Krafttier ins Land der Träume hinüber. In deinen Träumen entdeckt ihr gemeinsam noch viele wunderbare Dinge. Wenn du magst, kannst du mir morgen früh davon erzählen. Gute Nacht und zauberhafte Träume!

Ausklang zum Aufwachen

Nun geht oder fliegt dein Krafttier wieder mit dir nach Hause zurück. Es setzt dich ganz langsam und sanft wieder hier bei mir ab. Wenn ich gleich bis drei zähle, bist du bei drei ausgeruht wie nach einem langen Schlaf. Ausgeruht, frisch und wach. Du fühlst dich richtig gut, so als ob du einen tiefen Winterschlaf gemacht hättest. Dein Kopf ist ganz leicht und frei. Dein Gesicht ist erfrischt wie von einem frischen Herbstwind. Bei drei öffnest du langsam die Augen, atmest tief ein und nimmst wahr, wie gut du dich fühlst.

Eins, du bist ausgeruht wie nach einem langen Schlaf.
Zwei, dein Kopf ist ganz leicht und frei, deine Augen sind klar und leuchtend wie der blaue Himmel.
Drei, du öffnest die Augen, atmest tief ein, reckst und streckst deine Arme und Beine und nimmst wahr, wie gut du dich fühlst.

Wie war es, mit dem Bären Winterschlaf zu machen. Welchen Körperteil hast du am angenehmsten gespürt? In welchem Körperteil hast du noch nichts spüren können? Gab es auch ein unangenehmes Gefühl?
Die Winterschlaf-Übung, die dir der Bär gezeigt hat, nennt sich auch Bodyscan. Je öfter du diesen Mini-Winterschlaf durchführst, umso besser kannst du deinen Körper spüren. Auf diese Weise regst du deine Selbstheilungskräfte an.

Affirmation: Mit jedem Atemzug wird mein Körper stärker und gesünder.

Die Zauberkraft des Winters

Der Zauberstab der Winterprinzessin (die eigene Einzigartigkeit erleben)

Liebe(r) ________, wenn du magst, kannst du jetzt deine Augen schließen. Ich verrate dir ein Geheimnis: Wenn deine äußeren Augen zu sind, dann öffnen sich deine inneren Augen. Und deine inneren Augen können noch viel mehr sehen als die Augen in deinem Gesicht.
In deiner Fantasie gibt es noch viel schönere Farben und Dinge als in der äußeren Welt. Lass uns jetzt auf die Reise in den Winter gehen, um etwas von seiner Zauberkraft zu entdecken.

Einklang

Du schließt deine Augen, da spürst du einen Wind im Gesicht. Nein, das ist nicht der wilde Herbstwind, der die Blätter von den Bäumen fegt. Dieser Wind ist anders. Er ist knackig kalt und er riecht nach Schnee. Wo spürst du ihn am besten? Auf deiner Nase? Auf deinen Wangen? In deinem Haar?
Du denkst an deinen Schlitten und an den Schneemann, den du letztes Jahr gebaut hast. Da weißt du es: Das ist der Winterwind, der bringt den ersten Schnee. Der erste Schnee ist besonders schön. Wie durch Zauberhand wirbeln weiße Flocken durch die Luft. Alle Menschen bleiben ste-

hen und schauen in den Himmel. Viele strecken die Hand aus, um eine Schneeflocke zu fangen. Manche sogar die Zunge, vielleicht hast du das auch schon einmal probiert.
Eine Schneeflocke landet auf deiner Schulter, sie flüstert dir ins Ohr: „Ich bin zu dir gekommen, um dich auf eine Reise einzuladen: Liebe(r) ________, lass uns gemeinsam den Winter entdecken!“

Deine Reisebegleiterin ist heute eine kugelrunde, watteweiche Schneewolke. Schau, da kommt sie schon angeflogen. Die Schneewolke ist noch dunkler als die Regenwolke. Wahrscheinlich weißt du schon, warum – sie trägt tausende Schneeflocken in ihrem Bauch. Du probierst den alten Zaubertrick: 1 … 2 … 3 …
Du atmest tief ein und ziehst die Wolke dabei ganz nah zu dir heran. Sie kommt immer näher, bis du sie anfassen kannst. Du staunst, wie wunderbar sich so eine Schneewolke anfühlt. Ganz anders als du gedacht hast. Nun steigst du auf und machst es dir ganz bequem. Fliegen ist einfach wunderbar.

Schau nach unten, zuerst fliegt ihr über Häuser. Sie haben weiße Dächer bekommen, die glitzern und funkeln dich an. Die Kinder auf dem Spielplatz bauen gerade einen Schneemann. Doch jetzt schauen sie nach oben und staunen, als sie dich dort oben fliegen sehen. So schön wie du möchten sie auch einmal reisen. Vielleicht winkt dir sogar jemand zu und wünscht dir eine gute Reise.
Nun fliegt ihr über den Zauberwald. Alle Bäume tragen ein weißes Kleid. Du kannst die Spuren der Tiere im Schnee sehen. Alle Tiere haben jetzt

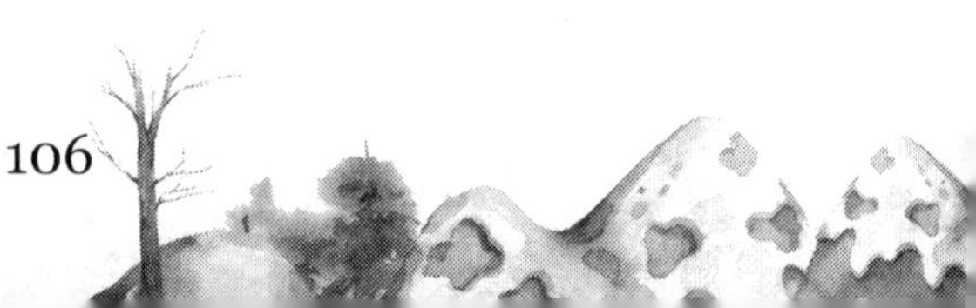

ein Winterkleid, ihr Fell ist viel dichter und wärmer geworden, damit sie nicht frieren. Du schaust an dir hinunter und bemerkst, dass auch du warme, weiche Kleidung trägst. Vielleicht sogar ein Fell, das dich angenehm wärmt.

Ihr fliegt immer noch über hohe Bäume. Da siehst du mitten im Wald eine wunderschöne Lichtung, die kommt dir sehr bekannt vor. In der Mitte brennt ein großes Lagerfeuer. Hier hast du schon mit dem Frühling, dem Sommer und dem Herbst gesessen. Heute wartet der Winter auf dich.

Der Winter ist eine Frau und sieht wie eine wunderschöne Prinzessin aus. Sie trägt ein schneeweißes Kleid. In ihrem Haar glitzern wundervolle Sterne und ihre Haut ist wunderbar weiß. Sie begrüßt dich freundlich: „Liebe(r) _________, schön, dass du hier bist! Du kommst genau zur richtigen Zeit. Ich habe ein Geschenk für dich.“

Die Winterprinzessin überreicht dir einen Zauberstab. Was immer du damit berührst, wird entweder mit Schnee bedeckt oder zu Eis verwandelt. Der Schnee ist wie eine weiche Decke, unter der die Natur ihren Winterschlaf hält. Und auch wenn er dir kalt erscheint, so beschützt der Schnee doch viele Pflanzen vor noch größerer Kälte.

Das Wasser verwandelt der Zauberstab zu Eis und zwar in wundervollen Formen, lass dich überraschen. Doch sei vorsichtig, berühre damit kein Tier, es könnte erfrieren. Auch zu viel Schnee richtet Schaden an. Die Zweige der Bäume könnten unter der

Last zusammenbrechen. Und die Tiere finden kein Futter mehr.

Voller Ehrfurcht übernimmst du den Zauberstab. Du wirst gut aufpassen, was du damit berührst. So ähnlich war es ja auch mit dem Zauberstab des Aprils. Nur dass dieser auch eine grüne Spitze hatte. Der Zauberstab des Winters ist ganz weiß und glitzert im Licht silberhell. Zuerst berührst du eine Pfütze vor deinen Füßen. Und wie von Zauberhand bildet sich darauf eine Eishaut. In der Eishaut kannst du wunderschöne Eisblumen erkennen. Sie sind so fantasievoll gemalt, dass du auch gleich Lust bekommst zu malen.

Da hast du eine Idee. Du richtest den Zauberstab auf eine graue Winterwolke und schon beginnt es zu schneien. Jede Schneeflocke ist ein eigenes Wunderwerk. Jede ist auf ihre eigene Art wunderschön. So ist es auch bei uns Menschen. Jeder Mensch hat etwas Besonderes in seinem Aussehen, woran man ihn erkennt. Dadurch ist jeder Mensch auf seine eigene Weise schön. Was macht dich besonders schön?

Jeder Mensch kann etwas besonders gut, das macht ihn einzigartig. Was kannst du besonders gut? Wenn dir nichts einfallen sollte, dann frag einfach mal deine Freunde. Oder dein Krafttier.

Nun schwenkst du den Zauberstab durch die Luft und die Schneeflocken fangen an zu tanzen. Das macht unheimlich Spaß. Du fühlst dich wie ein Dirigent oder eine Tanzlehrerin.

Bestimmt fallen dir noch viele schöne Dinge ein, die du mit dem Stab verzaubern kannst. Vielleicht den See oder die Fensterscheiben, vielleicht den Rodelberg oder den Garten. Dafür hast du jetzt Zeit. Gib mir einfach ein Zei-

chen mit dem Finger, wenn du genug gezaubert hast.
Nun ist es Zeit, den Stab seiner Besitzerin zurückzugeben. Die Winterprinzessin bedankt sich bei dir, dass du so sorgsam mit ihrem Geschenk umgegangen bist. Du kannst jederzeit wiederkommen, um wundervolle Dinge zu erschaffen.

Ausklang zum Einschlafen

Da kommt auch schon deine Winterwolke angeflogen. Mit einer zauberhaften Leichtigkeit schwebst du wie eine Schneeflocke ins Land der Träume hinüber. In deinen Träumen entdeckst du noch viele wunderbare Dinge. Wenn du magst, kannst du mir morgen früh davon erzählen. Gute Nacht und eisblumenschöne Träume!

Ausklang zum Aufwachen

Nun fliegt deine Schneewolke wieder mit dir zur Erde zurück. Sie setzt dich ganz langsam und sanft wieder hier bei mir ab.
Wenn ich gleich bis drei zähle, bist du bei drei ausgeruht wie nach einem langen Schlaf. Ausgeruht, frisch und wach. Du fühlst dich richtig gut, als ob du tief geschlafen hättest. Dein Kopf ist ganz leicht und frei. Dein Gesicht ist erfrischt wie von einem Winterwind. Bei drei öffnest du langsam die Augen, atmest tief ein und nimmst wahr, wie gut du dich fühlst.
Eins, du bist ausgeruht wie nach einem langen Schlaf.
Zwei, dein Kopf ist ganz leicht und frei, deine Augen sind klar und leuchtend wie der blaue Himmel.
Drei, du öffnest die Augen, at-

mest tief ein, reckst und streckst deine Arme und Beine und nimmst wahr, wie gut du dich fühlst.

Ich bin gespannt, was du alles mit dem Zauberstab des Winters gezaubert hast. Hast du die wundervollen Formen der Schneeflocken gesehen? Am besten kannst du sie betrachten, wenn du sie mit einem dunklen Handschuh oder Jackenärmel auffängst. Jede ist einzigartig, so wie du. Was macht dich einzigartig? Was kannst du besonders gut?

Affirmation: Ich bin einzigartig und wunderschön wie eine Schneeflocke.

Die Wiedergeburt des Lichts (Vertrauen und Hoffnung erleben)

Einklang

Ich hoffe, du kennst das Zeichen noch, mit dem du dein Krafttier herbeirufen kannst. Du brauchst es für deine heutige Reise. Mache das Zeichen jetzt und warte, was passiert. Vielleicht ist dein Krafttier schon bei dir, vielleicht kommt es in den nächsten Minuten. Mache das Zeichen einfach so lange, bis du dein Krafttier spüren kannst.
Vielleicht kannst du es sehen, vielleicht ist es heute auch unsichtbar. Du kannst es aber auf jeden Fall spüren und du fühlst, wie gut es dir tut. Dein Krafttier begleitet dich heute zu einem hohen Berg. Vielleicht geht ihr nebeneinander. Vielleicht darfst du auf seinem Rücken reiten. Vielleicht fliegt ihr sogar. Egal, wofür du dich heute entscheidest, es ist genau so richtig, wie es ist.

Deine Reise führt dich am Baum des Lebens vorbei und du erinnerst dich an das Geheimnis seiner Knospen. In ihnen steckt so viel Lebenskraft. Du freust dich schon auf den Frühling, wenn die Knospen durch die Wärme der Sonne aufspringen. Der Lebensbaum zwinkert dir zu und da spürst du deine starken Wurzeln. Vielleicht spürst du sie an deinen Fußsohlen. Vielleicht auch an einer anderen Stelle deines Körpers.
Noch so ein Geheimnis, welches ihr miteinander teilt.
Die Reise geht weiter, hinauf auf einen hohen Berg. Dort sitzen 12 Gestalten im Kreis. In der Mitte brennt ein Feuer. Du erkennst

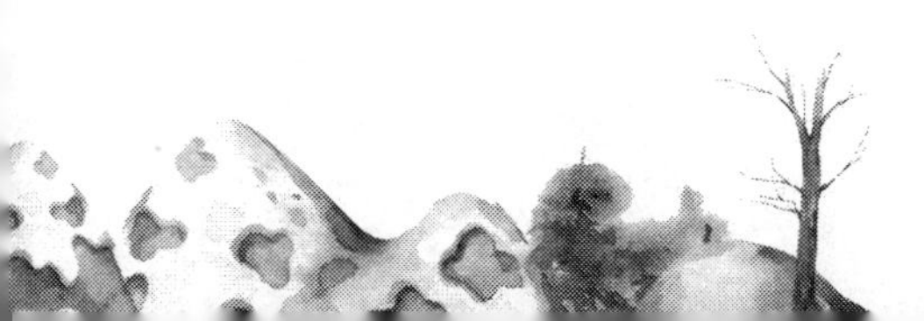

die 12 Gestalten, du hast sie schon einmal am Feuer gesehen. Es sind die 12 Monate. Und drei davon kennst du besonders gut. Richtig, den April mit dem grünen Hütchen des Frühlings. Du durftest schon mit seinem Zauberstab zaubern. Auch die wunderschöne Oktoberfrau mit den goldenen Haaren hat dir schon einmal ihren Zauberstab geliehen. Und mit der Nebelfrau des Novembers hast du die beiden Wölfe gefüttert.

Heute kommt eine Frau mit schwarzen Haaren auf dich zu, die trägt einen glitzernden, weißen Schleier. Sie hat den Zauberstab des Winters in der Hand und begrüßt dich freundlich: „Liebe(r) _________, schön, dass du hier bist! Du kommst genau zur richtigen Zeit. Ich bin die Dezemberfrau.

Setz dich zu uns ans Feuer, denn heute feiern wir die Wiedergeburt des Lichts. Heute ist die längste Winternacht. Ab morgen die Nächte wieder kürzer, dafür aber die Tage wieder länger. Das Licht kehrt mit jedem neuen Tag ein wenig mehr zurück in die Welt. Und auch in die Herzen der Menschen. Das wollen wir gemeinsam feiern und du bist unser Ehrengast.“

Da siehst du, dass jeder der 12 Monate eine Kerze vor sich stehen hat. Jede Kerze ist anders und auf ihre Weise wunderschön. Aber noch brennt keine der Kerzen. Die Dezemberfrau tippt mit ihrem Zauberstab auf den Boden und auf einmal steht genau vor dir auch eine wundervolle Kerze. Sie leuchtet in deinen Lieblingsfarben und vielleicht ist sogar ein Bild darauf. Schau sie dir genau an, denn sie ist speziell für dich gemacht.

Jetzt beginnen die Jahreszeiten ein Lied zu singen. Der Januar hebt eine kleine Fackel hoch und entzündet

sie am großen Feuer. Mit dieser Fackel darf er als erster seine Kerze entzünden, denn er ist der erste Monat im Jahr. Wie schön sie leuchtet! Jetzt spricht der Januar einen Wunsch aus: „Ich wünsche mir, dass die Menschen, Tiere und Pflanzen jetzt ausruhen und neue Kraft sammeln. Ich wünsche mir, dass sie den Zauber meiner Stille spüren.“ Alle anderen 11 Jahreszeiten nicken ihm freundlich zu. Das ist ein wunderschöner Wunsch.

Nun reicht der Januar die Fackel weiter. Jeder Monat entzündet seine Kerze am Feuer der Fackel. Jeder Monat hat einen Wunsch. Staunend hörst du zu, was sich die Monate wünschen.

Da bemerkst du, dass du neben deinem Geburtstagsmonat sitzt. Wie wunderschön diese Gestalt ist. Und was sie für einen tollen Wunsch hat! Lächelnd übergibt sie die Fackel an dich.

Nun bist du dran. Vorsichtig entzündest du auch deine Kerze. Du fühlst das warme Gefühl im Bauch, wenn das Licht heller wird. Auch in dir drin kannst du das Licht spüren. Vielleicht besonders gut in deinem Bauch oder in deinem Herzen. Fühle mal genau hin, wo du dein Licht am stärksten spürst.

Mit diesem wundervollen Gefühl sprichst du deinen Wunsch für das neue Jahr aus. Du darfst dir alles wünschen. Es gibt keine Grenzen. Dein Krafttier ist an deiner Seite und beschützt dich. Du hast so viel Zeit, wie du brauchst. Alle Jahreszeiten hören dir aufmerksam zu.

Ihr sitzt noch lange gemeinsam am Feuer. Es gibt Lieder und Geschichten von allen Jahreszeiten. Erst als die Kerzen langsam heruntergebrannt sind, stupst dich

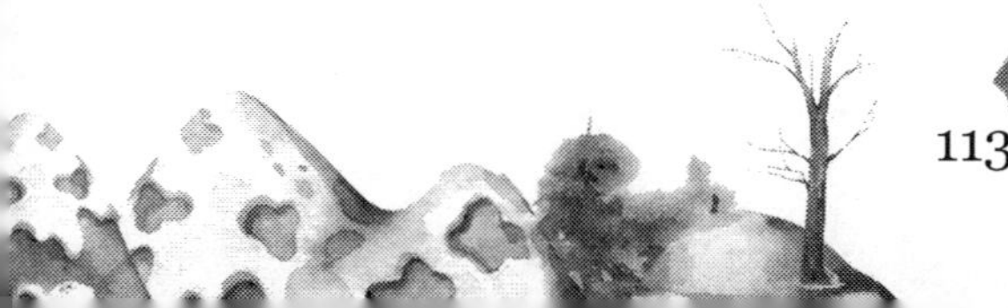

dein Krafttier sanft an. Es ist Zeit, nach Hause zu gehen.
Ihr verabschiedet euch fröhlich von allen 12 Monaten. Du weißt ja, dass du einen jeden von ihnen bald wiedersiehst. Du denkst noch einmal an deinen Wunsch und lächelst hoffnungsvoll.

Ausklang zum Einschlafen

Mit deinem Wunsch vor dem inneren Auge schwebst ins Land der Träume hinüber. Dein Krafttier begleitet dich. In deinen Träumen entdeckt ihr gemeinsam noch viele wunderbare Dinge. Wenn du magst, kannst du mir morgen früh davon erzählen. Gute Nacht und lichtvolle Träume!

Ausklang zum Aufwachen

Nun geht oder fliegt dein Krafttier wieder mit dir nach Hause zurück. Es setzt dich ganz langsam und sanft wieder hier bei mir ab. Wenn ich gleich bis drei zähle, bist du bei drei ausgeruht wie nach einem langen Schlaf. Ausgeruht, frisch und wach. Du fühlst dich richtig gut, als ob du einen tiefen Winterschlaf gemacht hättest. Dein Kopf ist ganz leicht und frei. Dein Gesicht ist erfrischt wie von einem Winterwind. Bei drei öffnest du langsam die Augen, atmest tief ein und nimmst wahr, wie gut du dich fühlst.
Eins, du bist ausgeruht wie nach einem langen Schlaf.
Zwei, dein Kopf ist ganz leicht und frei, deine Augen sind klar und leuchtend wie der blaue Himmel.
Drei, du öffnest die Augen, atmest tief ein, reckst und streckst deine Arme und Beine und nimmst wahr, wie gut du dich fühlst.

Wo kannst du heute deine Wurzeln besonders gut spüren? Wie sah deine Kerze aus? Wo konntest du dein Licht am stärksten spüren? Wie sah dein Geburtstagsmonat aus? Was hat er oder sie sich gewünscht? Und magst du mir deinen Wunsch verraten?

Affirmation: Das Licht kommt immer wieder zurück.

Weihnachten im Zauberwald (die Freude am Schenken spüren)

Einklang

Heute ist deine Schneewolke schon ganz aufgeregt, denn es ist der Weihnachtsmorgen. Sie will dich zum Zauberwald mitnehmen, um mit den Tieren Weihnachten zu feiern. Schau nach oben, da kommt sie schon angeflogen. Sie ruft deinen Namen: „Liebe(r) ________, schön, dass du da bist. Ich freue mich schon sehr auf das Weihnachtsfest.“ Sie hat sogar einen großen Sack mitgebracht. Ob da wohl Geschenke drin sind?
Nur du kennst den Zaubertrick, mit dem du deine Wolke herbei rufen kannst. Zähle einfach bis drei: 1 ... 2 ... 3 ...
Nun atmest du tief ein und ziehst die Wolke dabei ganz nah zu dir heran. Sie kommt näher und näher. Atme aus und dann noch einmal tief ein. Die Zauberwolke kommt immer näher, bis du sie anfassen kannst. Jetzt spürst du, wie wunderbar weich und kuschelig deine Wolke ist. Sie ist bereit für deine Reise. Du steigst auf und machst es dir bequem. Fliegen ist einfach wunderbar.

Schon geht es zum Zauberwald. Während ihr fliegt, lässt deine Wolke immer wieder wunderschöne Schneeflocken aufwirbeln. Alles unter euch bekommt eine Decke aus glitzerndem Schnee. Deshalb sehen hier im Zauberwald heute alle Bäume aus wie Weihnachtsbäume. Du kannst dich gar nicht sattsehen. Einer ist schöner als der andere.
Da siehst du von hier oben eine besonders prächtige Tanne. Rings um diesen wunderschönen Baum haben sich viele Tiere versammelt. Genau hier landet deine Wolke mit dir.

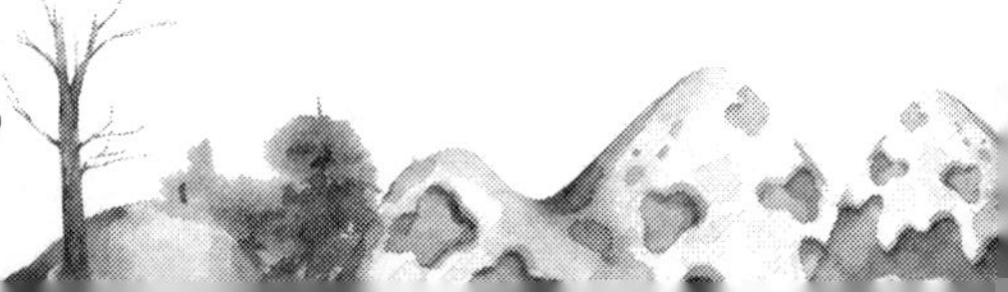

Du schaust dich um und staunst, wie viele verschiedene Tiere hier sind. Vielleicht kennst du schon ein paar davon. Ist da nicht der Hase, den du im Frühling beim Eiersuchen getroffen hast? Der mit dem kuschlig weichen Fell?
Bestimmt ist auch dein Krafttier dabei.
Wenn du es noch nicht sehen oder spüren kannst, dann mach einfach das Zeichen. Schon kommt es herbei und berührt dich zur Begrüßung sanft an der Stirn. Nun könnt ihr gemeinsam Weihnachten feiern.
Gemeinsam setzt ihr euch zu den anderen Tieren. Gut, dass du warm angezogen bist. Vielleicht trägst du sogar ein Fell oder ein Federkleid wie die anderen Tiere. Das hält dich wunderbar warm. Schau dir die Tiere an, was für prächtiges Winterfell sie alle haben. Vielleicht springt sogar eines auf deinen Schoß, damit du es streicheln kannst. Wie wunderbar weich und warm sich das Winterfell doch anfühlt.
Von ferne hörst du die Kirchenglocken läuten. Der Weihnachtsabend beginnt. Jetzt ist Zeit zum Schenken. Deine Schneewolke hat den dicken Sack vor dich gestellt. Sie bittet dich, ihn auszupacken. Neugierig bindest du ihn auf und schaust hinein. Da ist ja ganz viel Futter für die Tiere des Zauberwaldes drin: Heu und Stroh, Getreide, Kastanien und Eicheln, Möhren und Kartoffeln. Nach und nach nimmst du das Futter heraus und verteilst es an die Tiere. Schau nur, wie ihre Augen vor Freude leuchten. Die Tierkinder machen sogar Freudensprünge, wenn du ihnen ein Geschenk gibst. Das sieht lustig aus.

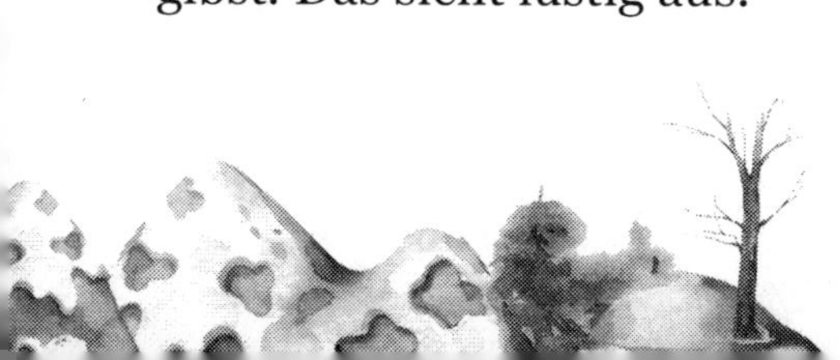

Du spürst, wie viel Freude es macht zu schenken. Fast noch mehr, als selbst Geschenke zu bekommen.

Als der Sack fast leer ist, entdeckst du ganz unten ein Päckchen, das ist in goldenes Papier eingepackt. Du schaust deine Wolke fragend an und sie zwinkert dir zu. „Liebe(r) _________, dieses Geschenk ist für dich. Weil du mir geholfen hast, das Futter an die Tiere auszuteilen. Wenn du magst, kannst du gleich hineinschauen.“ Vorsichtig öffnest du die Schleife und wickelst das goldene Papier auf. Sieh nur, was da tolles darin ist. Vielleicht etwas, was du dir schon lange gewünscht hast. Vielleicht noch etwas Schöneres. Lass dich jetzt überraschen.

Nun strahlen deine Augen ebenso schön wie die der Tierkinder. Du verabschiedest dich von jedem Tier. Manche nicken dir zu oder winken mit dem Flügel. Andere berühren dich sanft. Und manche Tiere wollen noch einmal von dir gestreichelt werden. Sie kuscheln sich liebevoll an dich. Das fühlt sich warm und weich an.

Als du auf deine Wolke steigst, hast du Tränen in den Augen. Tränen der Freude. Jetzt weißt du, wie wunderbar es ist, mit den Tieren Weihnachten zu feiern.

Ausklang zum Einschlafen

Mit diesem wunderbaren Gefühl schwebst du ins Land der Träume hinüber. In deinen Träumen entdeckst du noch viele wunderbare Dinge. Wenn du magst, kannst du mir morgen früh davon erzählen. Gute Nacht und wunderschöne Weihnachtsträume!

Ausklang zum Aufwachen

Nun fliegt deine Schneewolke wieder mit dir zur Erde zurück. Sie

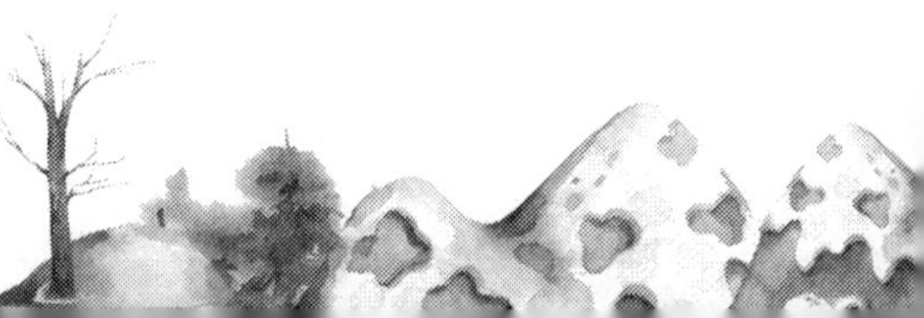

setzt dich ganz langsam und sanft wieder hier bei mir ab.
Wenn ich gleich bis drei zähle, bist du bei drei ausgeruht wie nach einem langen Schlaf. Ausgeruht, frisch und wach. Du fühlst dich richtig gut, als ob du tief geschlafen hättest. Dein Kopf ist ganz leicht und frei. Dein Gesicht ist erfrischt wie von einem Winterwind. Bei drei öffnest du langsam die Augen, atmest tief ein und nimmst wahr, wie gut du dich fühlst.
Eins, du bist ausgeruht wie nach einem langen Schlaf.
Zwei, dein Kopf ist ganz leicht und frei, deine Augen sind klar und leuchtend wie der blaue Himmel.
Drei, du öffnest die Augen, atmest tief ein, reckst und streckst deine Arme und Beine und nimmst wahr, wie gut du dich fühlst.

Welche Tiere waren um den Baum versammelt? Welche hast du beschenken dürfen? Wie haben sie sich bedankt? Welches durftest du berühren oder streicheln? Und wie hat sich das angefühlt? Magst du mir verraten, was in dem goldenen Päckchen drin war?

Affirmation: Ich bin ein Geschenk.

Im Reich der Frau Holle (sich als helfend und wirkungsvoll erleben)

Einklang

Auch heute ist deine Schneewolke ziemlich aufgeregt, denn sie will mit dir dorthin fliegen, wo sie zu Hause ist. Schau nach oben, da kommt sie schon angebraust. Sie ruft deinen Namen: „Liebe(r) _________, schön, dass du da bist. Ich freue mich schon sehr darauf, dir meine Heimat zu zeigen."
Nur du kennst den Zaubertrick, mit dem du deine Wolke heran rufen kannst. Zähle einfach bis drei: 1 ... 2 ... 3 ...
Nun atmest du tief ein und ziehst die Wolke dabei ganz nah zu dir heran. Sie kommt näher und näher. Atme aus und dann noch einmal tief ein. Die Zauberwolke kommt immer näher, bis du sie anfassen kannst. Jetzt spürst du, wie wunderbar weich und kuschelig deine Wolke ist. Sie ist bereit für deine Reise. Du steigst auf und machst es dir bequem. Fliegen ist einfach wunderbar.

Sobald ihr losgeflogen seid, beginnt deine Wolke zu schneien. Große, weiße Flocken fallen auf den Zauberwald. Der Wald sieht ganz friedlich aus, so als ob er unter seiner weißen Decke schläft. Nur ab und zu siehst du ein Tier, das auf der Suche nach Futter ist. Nur gut, dass ihr ihnen etwas in den Wald gebracht habt. So finden sie auch bei Schnee gute Nahrung.
Deine Wolke schneit immer mehr und je mehr Schneeflocken herausfallen, umso leichter wird sie. Und je leichter die Schneewolke ist, umso höher steigt ihr in den Himmel hinauf. Das fühlt sich ein bisschen an wie

Karussell oder Fahrstuhl fahren. Auf einmal taucht vor euch ein eisernes Tor auf. „Hier bin ich zu Hause“, strahlt die Wolke. „Hier wohne ich, bei der lieben Frau Holle. Komm mit, ich zeige dir alles.“

Und es ist wirklich wie im Märchen.

Sobald ihr durch das eiserne Tor schlüpft, befindet ihr euch mitten auf einer wunderschönen Wiese. Es ist angenehm warm und du spürst das weiche Gras unter deinen Füßen.

Zuerst kommt ihr an einen Backofen, da sind knusprige Brote drin. Sie rufen nach dir, weil sie fertig gebacken sind. „Liebe(r) __________, schön, dass du da bist. Zieh uns bitte heraus, sonst verbrennen wir.“ Du erinnerst dich an das kleine Weizenkorn und wie lange es braucht, bis daraus Brot gebacken werden kann. Da wäre es doch sehr schade, wenn die Brote jetzt verbrennen. Also ziehst du dir Handschuhe an und holst die heißen Brote vorsichtig aus dem Ofen. Mhmm, wie gut das duftet!

Als ihr weitergeht, siehst du einen Apfelbaum. Er erinnert dich ein wenig an deinen Baum des Lebens, denn auch er hat starke Wurzeln und an seinen Zweigen hängen viele saftige Früchte. So viele, dass sich die Zweige des Baumes schon nach unten biegen. Die Äpfel haben rote Bäckchen und sehen sehr lecker aus. Da beginnt der Apfelbaum zu sprechen: „Liebe(r) __________, schön, dass du da bist. Rüttle mich, schüttle mich, meine Äpfel sind alle reif!“

Neugierig trittst du ein paar Schritte heran. Du fühlst mit deinen Händen die raue Rinde des Baumes. Jetzt beginnst du zu schütteln und die Äpfel fallen nacheinander ins Gras. Der

Baum seufzt erleichtert, denn er hat unter ihrer Last schwer getragen. Neben dem Baum steht ein Korb und so sammelst du die Äpfel alle hinein. Als Dankeschön darfst du dir einen aussuchen.
Du schaust in den Korb und ein Apfel lacht dich besonders an. Er fühlt sich ganz glatt an in deinen Händen. Und er duftet wunderbar fruchtig. Wenn du magst, kannst du jetzt gleich hineinbeißen. Wer weiß, vielleicht haben die Äpfel hier ja Zauberkräfte. Vielleicht spürst du jetzt oder später, wie sich durch den Zauberapfel etwas verändert.
Da steht auf einmal ein Haus vor dir. Du bist dir nicht sicher, ob es schon da war oder nicht. In der Tür steht eine Oma, sie winkt dir freundlich zu. „Liebe(r) __________, schön, dass du da bist. Ich bin die Frau Holle und wenn du magst, darfst du heute meine Betten schütteln. Du musst wissen, das sind Zauberbetten. Wenn du sie ordentlich schüttelst, dann schneit es auf der Welt."
Du kannst es gleich einmal ausprobieren. Entscheide selbst, ob du ganz sanft schüttelst, damit nur ein paar hübsche Flocken herauskommen. Oder ob du wild schüttelst, damit es einen kleinen Schneesturm gibt. Gib mir ein Zeichen mit dem Finger, wenn du fertig bist.
Nun ist es Zeit für den Rückweg. Frau Holle bedankt sich für deine Hilfe. Du hast die Brote gerettet, dem Baum geholfen und die Betten ausgeschüttelt. Dabei hat es sich gar nicht wie schwere Arbeit angefühlt. „Das ist, weil es dir Spaß gemacht hat", flüstert dir deine Wolke zu. Du machst es dir auf deinem kuscheligen Wolkenschiff ganz bequem und spürst, wie angenehm schwer deine Beine und Arme von der guten Arbeit sind.

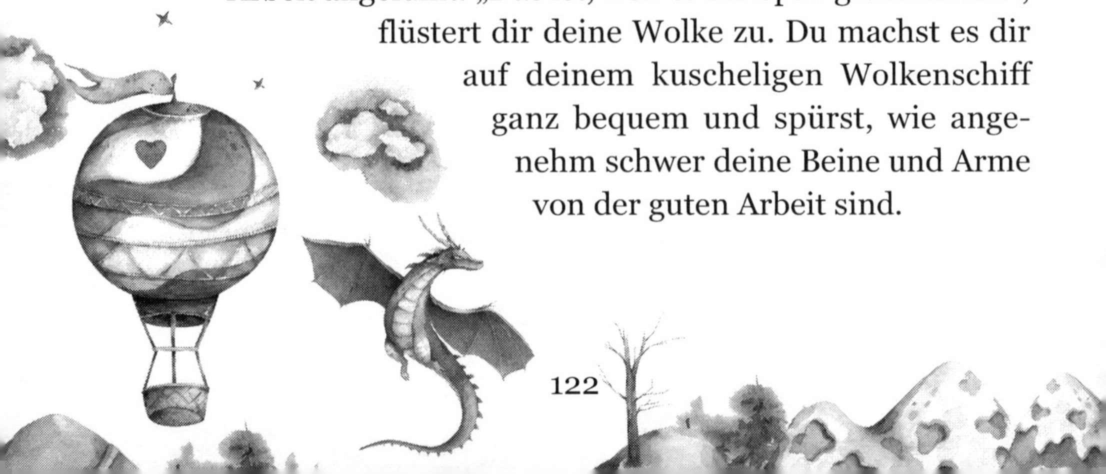

Ausklang zum Einschlafen

Mit diesem wunderbaren Gefühl in Armen und Beinen schwebst du ins Land der Träume hinüber. In deinen Träumen entdeckst du noch viele wunderbare Dinge. Wenn du magst, kannst du mir morgen früh davon erzählen. Gute Nacht und märchenhafte Winterträume!

Ausklang zum Aufwachen

Nun fliegt deine Schneewolke wieder mit dir zur Erde zurück. Sie setzt dich ganz langsam und sanft wieder hier bei mir ab.
Wenn ich gleich bis drei zähle, bist du bei drei ausgeruht wie nach einem langen Schlaf. Ausgeruht, frisch und wach. Du fühlst dich richtig gut, als ob du tief geschlafen hättest. Dein Kopf ist ganz leicht und frei. Dein Gesicht ist erfrischt wie von einem Winterwind. Bei drei öffnest du langsam die Augen, atmest tief ein und nimmst wahr, wie gut du dich fühlst.
Eins, du bist ausgeruht wie nach einem langen Schlaf.
Zwei, dein Kopf ist ganz leicht und frei, deine Augen sind klar und leuchtend wie der blaue Himmel.
Drei, du öffnest die Augen, atmest tief ein, reckst und streckst deine Arme und Beine und nimmst wahr, wie gut du dich fühlst.

Wie war es im Land der Frau Holle? Wie sahen die Brote aus? Hatte dein Apfel Zauberkraft? Wie hast du seine Kraft gespürt? Kam aus den Betten Schnee heraus?

Affirmation: Ich folge der Freude.

Fasching im Märchenwald (Sorgen loslassen und neue Energie tanken)

Einklang

Wer soll dich heute mit auf eine Reise durch den Winter nehmen? Möchtest du dein Krafttier einladen? Es folgt deinem Zeichen. Oder soll dich ein anderes magisches Tier abholen, ein Phönix, ein Einhorn, ein Drache? Wähle jetzt!
Gut! Dann nimm jetzt einen tiefen Atemzug und spüre, wie das Tier, welches du gewählt hast, immer näher kommt. So nah, bis du es berühren kannst. Spüre, wie es sich anfühlt. Vielleicht ganz weich oder warm oder ganz anders. Das kannst nur du wissen, denn nur du darfst es berühren.
Wenn du magst, kannst du jetzt aufsteigen und die Reise beginnt. Halte dich gut fest und flüstere deinem Reisebegleiter ins Ohr, wie schnell die Reise sein soll. Vielleicht magst du ganz langsam reisen, damit du dir alles genau anschauen kannst. Vielleicht magst du auch schnell reisen, dann gibt euch der Winterwind Schwung. Genauso, wie du es heute gerne magst, wird es passieren.

Heute ist Faschingsfest im Märchenwald. Schon von weitem siehst du viele bunte Gestalten. Menschen, Tiere und magische Wesen. Manche sehen aus wie immer. Warum soll sich ein Einhorn denn verkleiden? Andere sind völlig verändert. Du erkennst sie fast nicht wieder.
Am Eingang des Waldes liegen verschiedene Kostüme für dich bereit. Dein Krafttier möchte lieber bleiben, wie es ist. Aber es wartet gerne auf dich, wenn du dich verkleiden magst. Such dir einfach etwas aus. Du kannst ein Zauberer sein oder ein Phönix-Vogel, eine Prinzessin oder

ein Ritter, ein Einhorn oder ein Drache. Was immer du magst, für alles gibt es ein Kostüm. Wähle jetzt und gib mir ein Zeichen, wenn du fertig umgezogen bist.
Schau, hier gibt es einen kleinen See. Seine Eishaut ist dünn und durchsichtig, sodass du dich darin spiegeln kannst. Wie wunderschön du aussiehst.
Nun betretet ihr den Märchenwald durch ein magisches Tor. Über deinem Kopf hängen wunderschöne Eiszapfen und als du genau darunter stehst, rieselt magischer Staub auf dich herab. Jetzt hast du nicht nur ein tolles Kostüm, sondern auch die Eigenschaften der Figur, in die du dich verwandelt hast.
Wenn du als Drache verkleidet bist, kannst du jetzt fliegen und Feuer speien. Wenn du ein Phönix bist, kannst du zu Asche verbrennen und daraus neu geboren werden. Wenn du eine Fee bist, hat dein Zauberstab jetzt magische Kräfte. Als Einhorn kannst du fliegen und Wunder herbeirufen. Probiere es gleich mal aus, welche neue Kraft du in deiner Verkleidung jetzt hast. Und selbst, wenn du dich nicht verkleidet hast, besitzt du Zauberkräfte. Einfach, weil du du bist.
Nun schau dich um, wer alles hier im Wald ist. Vielleicht kennst du ein paar magische Tiere schon von deinen Reisen. Sind sie nicht alle wunderschön und einzigartig? Vielleicht entdeckst du sogar eine Freundin oder einen Freund. Schau dich gut um! Ihr begrüßt euch mit einer herzlichen Umarmung.
Einer der Gäste teilt nun Luftballons aus. Es gibt welche in jeder Farbe, denn jede Farbe hat andere Zauberkräfte. Aber das weißt du ja schon. Du kannst dir einen in deiner Lieblingsfarbe aussuchen. Das ist ein ganz besonderer Ballon. Man kann seine Sorgen hineintun und sie dann wegfliegen lassen. Vielleicht fällt dir jetzt oder später etwas ein,

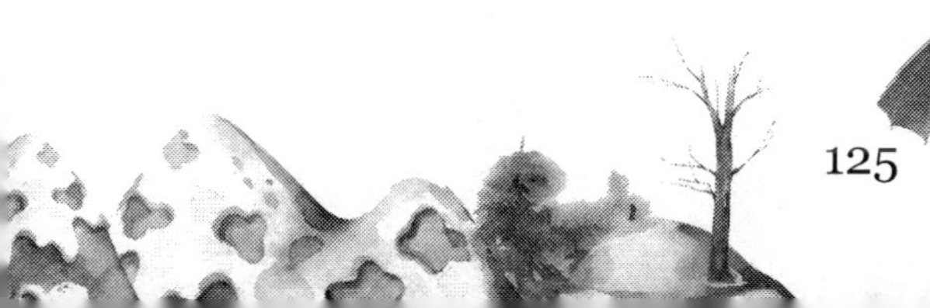

was wegfliegen soll. Das ist ganz einfach. Du sprichst diesen Ärger in den Ballon hinein und lässt ihn dann aufsteigen. Nun schaust du ihm nach, wie er immer höher und höher fliegt. Dabei wird er immer kleiner und kleiner, bis er schließlich verschwunden ist. So einfach kann es sein. Probiere es aus, wenn du magst.

Wenn du jetzt eine kleine Erfrischung brauchst, dann schau mal unter den großen Baum. Dort steht ein ganz besonderer Tisch. Auf ihm liegen verschiedene Zauberfrüchte. Such dir einfach eine aus. Jede schmeckt auf eine andere Weise lecker. Mit jedem Biss davon bekommst du neue frische Energie. Jede Frucht bringt dir neue Lebenskraft.

Da siehst du die Winterprinzessin. Sie hat sich nicht verkleidet, sie ist schön und stark, wie sie ist. Aber sie hat ein Instrument in der Hand. Schau genau hin, nur du kannst es sehen. Vielleicht ist es eine Trommel mit tiefem Klang. So tief, dass du ihre Musik in deinem Bauch spüren kannst. Vielleicht ist es auch eine Harfe mit silberhellem Klang. So zart und hell, dass du ihn bis in deine Fingerspitzen spürst. Vielleicht auch ein anderes Instrument, das weißt du allein.

Nun beginnt die Winterprinzessin, darauf zu spielen. Die Musik ist so wunderbar, dass alle anfangen zu tanzen. Und wie von allein beginnst auch du, dich im Takt der Musik zu bewegen. Ihr tanzt gemeinsam ausgelassen und fröhlich durch den Wald. Solange, wie ihr Lust habt und eure Füße euch tragen.

Dann ist es Zeit, dich von deinen magischen Freunden zu verabschieden. Das ist nicht schwer, denn ihr seht euch ja bald wieder. Du weißt ja, wo du sie finden kannst.

Ausklang zum Einschlafen

Du spürst eine angenehme Schwere in deinen Beinen, weil sie so schön getanzt haben. Mit diesem wunderbaren Gefühl schwebst ins Land der Träume hinüber. In deinen Träumen entdeckst du noch viele wunderbare Dinge. Wenn du magst, kannst du mir morgen früh davon erzählen. Gute Nacht und faschingsbunte Träume!

Ausklang zum Aufwachen

Nun geht oder fliegt dein Reisebegleiter wieder mit dir nach Hause zurück. Er setzt dich ganz langsam und sanft wieder hier bei mir ab. Wenn ich gleich bis drei zähle, bist du bei drei ausgeruht wie nach einem langen Schlaf. Ausgeruht, frisch und wach. Du fühlst dich richtig gut, als ob du einen tiefen Winterschlaf gemacht hättest. Dein Kopf ist ganz leicht und frei. Dein Gesicht ist erfrischt wie von einem Winterwind. Bei drei öffnest du langsam die Augen, atmest tief ein und nimmst wahr, wie gut du dich fühlst.
Eins, du bist ausgeruht wie nach einem langen Schlaf.
Zwei, dein Kopf ist ganz leicht und frei, deine Augen sind klar und leuchtend wie der blaue Himmel.
Drei, du öffnest die Augen, atmest tief ein, reckst und streckst deine Arme und Beine und nimmst wahr, wie gut du dich fühlst.

Hast du dich verkleidet? Wenn ja, magst du mir verraten, welches Kostüm du dir ausgesucht hast? Welche Zauberkräfte hattest du? Wen hast du beim Faschingsfest gesehen? Wie hat es sich angefühlt,

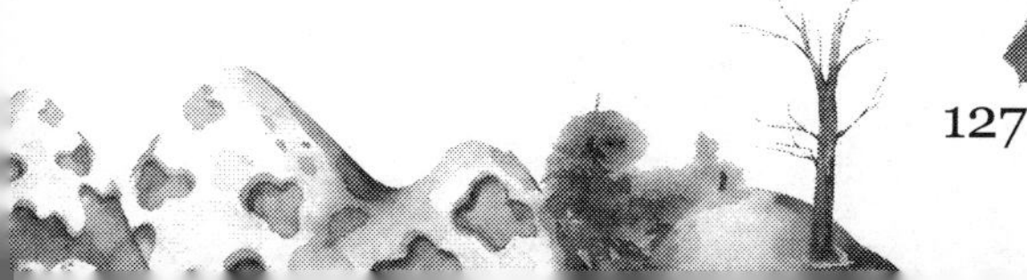

eine magische Frucht zu essen? Hast du eine Sorge oder einen Ärger mit dem Luftballon davonschweben lassen?

Affirmation: Ich lasse los. Meine Sorgen fliegen in den Himmel hinein.

Der Feuerzauber des Winters (Sorgen oder Ängste dem Feuer anvertrauen und erleben, wie daraus etwas Neues entsteht)

Einklang

Lass uns heute (wieder) auf die Reise gehen. Wenn du magst, schließe dafür deine Augen. Du weißt ja, deine Augen sehen nur das, was außen ist. Doch in deiner Fantasie gibt es so viel mehr zu sehen. Heute reist du noch einmal mit deiner weißen, watteweichen Winterwolke, die schon am Himmel auf dich wartet. Schau, wie wunderschön sie leuchtet! Sie ruft deinen Namen: „Liebe(r) _________, schön, dass du da bist. Ich freue mich schon sehr auf unsere Reise.“
Nur du kennst den Zaubertrick, mit dem du deine Wolke herbei rufen kannst. Zähle einfach bis drei: 1 ... 2 ... 3 ...
Nun atmest du tief ein und ziehst die Wolke dabei ganz nah zu dir heran. Sie kommt näher und näher. Atme aus und dann noch einmal tief ein. Die Zauberwolke kommt immer näher, bis du sie anfassen kannst. Jetzt spürst du, wie wunderbar weich und kuschelig deine Wolke ist. Sie ist bereit für deine Reise. Du steigst auf und machst es dir bequem. Fliegen ist einfach wunderbar.

Du schaust nach unten und irgendwie kommt dir die Gegend bekannt vor. Hier warst du schon mehrmals, erinnerst du dich? Als du die Lichtung mit dem großen Feuer entdeckst, erkennst du den Platz. Hier hast du im Frühling zum ersten Mal die Jahreszeiten getroffen.
Wieder sitzen alle vier Jahreszeiten gemeinsam am Feuer. Der Frühling mit einem lustigen, grünen

Hütchen. Auf dem Hütchen wachsen Schneeglöckchen, die bimmeln, wenn er seinen Kopf bewegt. Und das tut er ständig, er pfeift ein lustiges Lied dabei. Der Sommer mit dem fröhlichen Lachen und roten Apfelbäckchen. Seine Kleidung ist ganz bunt und duftet nach Blumen und Heu. Die wunderschöne Herbstfrau mit den knallroten Haaren. Ihr Kleid ist noch viel bunter als das des Sommers. Und die Winterprinzessin in ihrem schneeweißen Kleid. In ihrem Haar glitzern wundervolle Sterne und ihre Haut ist wunderbar weiß.
„Liebe(r) _________, schön, dass du da bist. Du kommst genau zur richtigen Zeit. Ich habe eine Überraschung für dich! Komm, setz dich zu mir ans Feuer!“
Du setzt dich neben die Winterprinzessin und schaust in die Flammen des Lagerfeuers. Wie schön es knistert. Auch der Geruch des Holzes ist sehr angenehm. Und wie lustig die Flammen tanzen, das sieht so herrlich aus. Du magst gar nicht mehr wegsehen. Und während du das Feuer beobachtest und seine angenehme Wärme spürst, wirst du immer ruhiger. Auch in deinem Inneren breitet sich eine sanfte Wärme aus, sie macht dir ein wohliges Gefühl im Bauch.
Weißt du noch, dass so ein Feuer Zauberkräfte hat? Man kann etwas hineingeben, was man nicht mehr braucht. Das Feuer verwandelt alles zu Licht. Du kannst jetzt verbrennen, was du nicht mehr brauchst. Vielleicht hast du eine Angst oder eine Sorge, die du dem Feuer geben willst. Vielleicht einen Ärger oder etwas, das dir wehtut. Das Feuer nimmt bereitwillig alles auf, was du loswerden willst. Mit seiner Zauberkraft wandelt es das alles zu wunderbarem Licht.

Nimm dir dafür ruhig Zeit, bis alles verbrannt ist. Gib mir einfach ein Zeichen mit dem Finger, wenn du fertig bist.
Nun geht das Feuer langsam aus. Alles ist verbrannt und die Winterprinzessin lächelt dir zu. Sie gibt dir einen Ast in die Hand. „Such damit in der Asche und du wirst noch ein Abschiedsgeschenk von mir finden. Denn bald ist meine Zeit vorbei, dann übernimmt wieder der Frühling und alles beginnt von vorn.“ Vorsichtig ziehst du den Ast durch die Asche, denn sie ist noch ganz heiß. Da entdeckst du etwas Glänzendes – einen wunderschönen Stein!
Er hat sich durch die Hitze des Feuers gebildet, während all das Alte verbrannt ist. Die Winterprinzessin holt etwas Schnee herbei und schüttet ihn über den Stein. Es zischt und dampft, bis er abgekühlt und du ihn endlich in die Hand nehmen kannst. Der Stein fühlt sich noch etwas warm an und wunderbar glatt. Er erinnert dich an die Kraft des Feuers. Auch in deinem Herzen brennt so ein Feuer. Manche nennen es Liebe, manche nennen es Lebensfreude. Dieses Feuer ist stärker als alle Sorgen, alle Ängste und jeder Schmerz. Dein Feuerstein wird dich daran erinnern. Bewahre ihn gut auf, denn du wirst ihn noch brauchen.
Nun ist es langsam Zeit, dich zu verabschieden. Die Winterprinzessin wünscht dir eine gute Reise und beim Abschied zwinkert sie dir zu: Es gibt noch viel mehr Zauberhaftes zu entdecken, du wirst schon sehen. Halte immer gut die Augen auf, vor allem deine inneren Augen.

Langsam steigst du mit der Wolke höher und höher. Von hier oben kannst du den Feuerplatz sehen. Da entdeckst du, dass er die Form eines Herzens hat. Das ist dir vorher nicht aufgefallen. Ob das wohl beim Feuerzauber passiert ist?

Ausklang zum Einschlafen

Sanft schwebst du mit deiner watteweichen Zauberwolke ins Land der Träume hinüber. In deinen Träumen entdeckst du noch viele wunderbare Dinge. Wenn du magst, kannst du mir morgen früh davon erzählen. Gute Nacht und süße Zauberträume!

Ausklang zum Aufwachen

Nun fliegt deine watteweiche Zauberwolke wieder mit dir zur Erde zurück. Sie setzt dich ganz langsam und sanft wieder hier bei mir ab. Wenn ich gleich bis drei zähle, bist du bei drei ausgeruht wie nach einem langen Schlaf. Ausgeruht, frisch und wach. Du fühlst dich richtig gut, als ob du tief geschlafen hättest. Dein Kopf ist ganz leicht und frei. Dein Gesicht ist erfrischt wie von einem kühlen Wind. Bei drei öffnest du langsam die Augen, atmest tief ein und nimmst wahr, wie gut du dich fühlst.

Eins, du bist ausgeruht wie nach einem langen Schlaf.

Zwei, dein Kopf ist ganz leicht und frei, deine Augen sind klar und leuchtend wie der blaue Himmel.

Drei, du öffnest die Augen, atmest tief ein, reckst und streckst deine Arme und Beine und nimmst wahr, wie gut du dich fühlst.

Ich bin gespannt, wie groß das Lagerfeuer im Wald heute war und wie die Winterprinzessin heute

ausgesehen hat. Wenn du magst, kannst du mir auch verraten, was du im Feuer verbrannt hast und wie dein Feuerstein aussieht.

Es gibt übrigens einen Feuerzauber, den wir mal zusammen machen können. Man schreibt auf einen Zettel, was man loslassen will und auf einen zweiten Zettel, was man sich stattdessen wünscht. Dann übergibt man beide Zettel dem Feuer.

Affirmation: Ich übergebe meine Sorgen (oder meine Wünsche) dem Feuer.

Nachwort für die Traumreisenden

Liebe/r Traumreisende/r,

wenn du hier angekommen bist, bist du wahrscheinlich schon durch alle Jahreszeiten gereist. Du hast dort magische Freunde getroffen und zauberhafte Welten entdeckt. Du hast selbst gezaubert und fantastische Abenteuer erlebt. Du hast die Schönheit der Jahreszeiten kennengelernt und erlebt, was sie so besonders macht. Und ich hoffe sehr, dass du an diesen magischen Orten erleben konntest, dass du selbst auch einzigartig bist.

Deine Fantasie und deine Träume sind etwas ganz Besonderes. Auch wenn die Welt mal unfreundlich oder grau ist, kannst du dich immer an die bunten und sicheren Orte in deinem Inneren zurückziehen. Hier kannst du neue Kraft schöpfen, um dann wieder gestärkt und erfrischt in deinen Alltag zurückzukehren.

Welche Jahreszeit hat dir besonders gut gefallen? Wer war dein liebster Reisebegleiter? Wo konntest du deine Sorgen am besten loslassen? Wo hast du dich besonders stark gefühlt? Was hat dir gutgetan?

Es ist gut, dass du dich an diese Dinge erinnerst, denn du kannst die Reisen in diesem Buch jederzeit wiederholen. Dabei musst du dich nicht unbedingt nach den Jahreszeiten richten. Du weißt ja, in deiner Fantasie ist alles möglich. Du wirst sehen, wenn du eine Reise zum zweiten oder zum dritten Mal machst, entdeckst du wieder ganz neue Dinge. Neue Reisebegleiter, neue Zauberkräfte und neue Geschenke. Vielleicht ist jetzt dein Krafttier bei jeder Reise dabei, weil ihr einfach unzertrennlich geworden seid.

Auch wenn es dir mal nicht so gut geht, wenn du Sorgen hast oder krank bist, kannst du dir einfach eine Reise zu einem Ort aussuchen, an dem du neue Kraft schöpfen kannst.
Vielleicht denkst du dir sogar eigene Traumreisen aus. Und wenn du noch weitere Ideen, Anregungen, Wünsche, Kritik oder Fragen hast, dann schreibe mir gerne eine Mail an **Kerstin.fee@t-online.de**.

Weitere Bücher von Kerstin Rauch

ALBA UND DER DRACHE DER ANGST
Mut-mach-Märchen für wundervolle Kinder

In einer Zeit, in der es noch Drachen, Feen und Einhörner gibt und die Menschen noch ihre Flügel nutzen, um ins Land der Träume zu reisen, da lebt eine feinfühlige Prinzessin mit dem Namen Alba.
Alba ist ein wundervolles Kind, genau wie du. Als Prinzessin von heute nimmt sie ihr Leben selbst in die Hand und geht für ihre Träume los. Auch wenn es manchmal schwierig wird und Alba Angst bekommt, lässt sie sich nicht von ihrem Weg abbringen. Schließlich sind die eigenen Träume besonders wertvoll. Mithilfe ihrer Freunde, mit Achtsamkeit, Musik und Kreativität gelingt es Alba, ihre Träume und manches magische Wesen zu beschützen. Ganz ohne Gewalt, wie du sie vielleicht aus anderen Märchen kennst. Stattdessen gibt es jede Menge magischer Momente, die dich träumen und entspannen lassen.
Die neue überarbeitete Ausgabe enthält jetzt **kindgerechte und lustige Übungen gegen Kinderängste**, welche du gemeinsam mit dem Drachen ausprobieren kannst.
Außerdem gibt es einen **Malwettbewerb, bei dem jedes Kind eine personalisierte Traumreise mit dem eigenen Namen gewinnt**.

Erhältlich als eBook, Taschenbuch und gebundene Ausgabe in Farbdruck bei Amazon.

ENTDECKE DEINE ZAUBERKRAFT

Stärkende und heilsame Traumreisen für Kinder zum Entspannen, Meditieren und Einschlafen

Die liebevoll zusammengestellten Traumreisen führen zu fantasievollen Rückzugsorten, an denen Kinder Wohlbefinden, Selbstvertrauen und Gesundheit auftanken können. Sie baden u. a. im Meer der Heilung, lernen den sicheren Ort kennen, bergen den Schatz der Meerjungfrau und erleben die Geburt eines jungen Phönixes. Von jeder Reise kehren sie etwas gestärkter und erholter in ihren Alltag zurück.

Erhältlich als eBook, Taschenbuch und Hardcover bei Amazon.

LIEBE SCHWESTER, WO BIST DU?

Ein Trostbuch für alleingeborene Zwillinge und innere Kinder, die trauern

Das auf duftendem Graspapier gedruckte und liebevoll aquarellierte Buch kann Kindern und Erwachsenen helfen, die einen lieben Menschen oder einen Zwilling im Mutterleib verloren haben, diesen Verlust zu begreifen. Mit all den Fragen und Gefühlen, die dazu gehören. Schritt für Schritt auf dem Weg zurück ins Leben mit all seiner Schönheit, Lebendigkeit und Freude.

Erhältlich auf der Website der Illustratorin und Künstlerin Alice Rauch: alicerauch.de/kinderbuch

Über die Autorin

Kerstin Rauch wohnt in Berlin. Sie ist Mutter von Zwillingen und Oma einer hochsensiblen und gefühlsstarken Enkelin. Außerdem gibt sie als Heilerziehungspflegerin und Jahara®-Therapeutin seit 15 Jahren Kurse zur Anregung der Selbstheilungskräfte durch Körperarbeit und Embodiment.
Es ist ihr ein Herzensanliegen, Menschen und insbesondere Kinder dabei zu begleiten, ein selbstbestimmtes, glückliches Leben zu führen.

Haftungsausschluss

Die Umsetzung aller enthaltenen Informationen, Anleitungen und Strategien dieses Ratgebers erfolgt auf eigenes Risiko. Für etwaige Schäden jeglicher Art kann der Autor aus keinem Rechtsgrund eine Haftung übernehmen. Für Schäden materieller oder ideeller Art, die durch die Nutzung oder Nichtnutzung der Informationen bzw. durch die Nutzung fehlerhafter und/oder unvollständiger Informationen verursacht wurden, sind Haftungsansprüche gegen den Autor grundsätzlich ausgeschlossen. Ausgeschlossen sind daher auch jegliche Rechts- und Schadensersatzansprüche. Dieses Werk wurde mit größter Sorgfalt nach bestem Wissen und Gewissen erarbeitet und niedergeschrieben. Für die Aktualität, Vollständigkeit und Qualität der Informationen übernimmt der Autor jedoch keinerlei Gewähr. Auch können Druckfehler und Falschinformationen nicht vollständig ausgeschlossen werden. Für fehlerhafte Angaben vom Autor kann keine juristische Verantwortung sowie Haftung in irgendeiner Form übernommen werden.

Impressum

Wird vertreten durch:
Dennis Schöndienst, Lindenstraße 25, 78606 Seitingen-Oberflacht
E-mail: dennis.schoendienst@gmail.com

Made in the USA
Monee, IL
11 November 2026

30b296cc-9712-4bdd-a0eb-ee93b9ff0854R01